KB202501

원로목사에게 듣는
목회이야기

목회는
신학의
종합예술이다

김철봉 목사

목 차

한결같은 사랑의 목회자

안민 장로 ㅣ 고신대학교 전 총장, 사직동교회

김철봉 원로목사님의 52년 목회 여정을 담아낸 '목회는 신학의 종합
예술이다' 출간을 크게 기뻐하며 축하드립니다.

목사님의 마지막 사역지인 사직동교회를 목숨보다 사랑하셨던 그
삶을 너무 잘 알기에 시무장로로 23년을 함께한 제게는 제목만으로도
가슴이 뭉클해집니다.

진액을 다 쏟아내시는 전심을 느끼게 하셨지요. 한결같으신 흔들림
없는 깊은 기도는 마치 사랑에 겨운 행복한 속삭임인 듯했습니다. 수
천 명이 되는 성도뿐만 아니라 어린아이 이름까지 다 기억하시며 돌아
보셨던 그 섬김은 영락없는 부모의 마음이셨습니다. 심지어 모든 것을
내려놓아야 하는 절망의 순간에도 기꺼이 자신을 던지시며 오직 교회
와 성도들이 먼저셨습니다.

저는 그것이 사랑이라고 믿습니다. 당신을 목회자로 부르신 하나님과 그분이 위임하여 맡기신 교회를 향한 지극한 사랑 바로 그것이었습니다. 그 사랑이 사직동교회를 화목하고 소망이 넘치며 칭송받는 행복한 교회의 밑거름이 됐습니다. 그 아름다운 사랑의 이야기를 바탕으로 정리된 이 책은 만만치 않은 이 시대에 가슴 졸이며 주님의 교회를 섬기시는 목회자님들에게 큰 위로와 힘이 될 것입니다. 그리고 함께 주님의 교회를 세워가는 성도님들에게도 행복한 목회 동역의 소중한 선물이 될 것입니다.

이 책이 목회와 섬김의 새로운 동력이 될 것을 확신하며 기쁨과 감사함으로 자랑스럽게 추천합니다.

목회는 신학의 종합예술이다

최승락 교수 l 고려신학대학원 원장

　김철봉 목사님의 52년 목회 사역은 그 자체가 살아 있는 귀감입니다. 이번에 출간된 '목회는 신학의 종합예술이다'라는 이 책에 기록된 것보다 헤아릴 수 없이 기록되지 않은 더 많은 이야기들을 생각하게 만듭니다. 목회 사역의 가장 중요한 원리들을 간추리려다 보니 수많은 구체적인 사안들과 이름들을 다 기록할 수 없었을 것입니다. 그러나 이런 것들을 바탕으로 현재의 핵심 원리들을 말하는 것이기에 그 한 마디 한 마디가 참 귀하게 다가옵니다.

　김 목사님은 '목회자는 성경 박사가 되어야 한다'라고 반복해서 강조합니다. 그의 설교를 들어본 사람은 이것이 무엇을 의미하는지를 잘 알 것입니다. 그의 강조는 하나의 원리로만 던져지는 것이 아니라 그 자신이 실제로 힘쓰고 구현해 내었던 것을 바탕으로 합니다. 이 책에서도 한 마디 한 마디 말 뒤에 지침 없이 제시되는 성경 구절들을 보게 됩니다. 이 역시 평소 김 목사님의 인사 문자를 받아본 사람에게는 매우 익숙한 일일 것입니다. 예를 들어 새해를 맞으면서 "시편 118장 17절과 고린도후서 4장 7절을 선사합니다"라는 문자를 받은 적이 있습니다. 이는 새해에도 우리 삶의 목적이 무엇이 되어야 하는지, 그 동력이 어디에서 오는지를 일깨워주는 말씀입니다. 평소 그가 얼마나 성경 중심의 설교와 목회를 하였는지를 잘 보여줍니다.

김 목사님은 이 책에서 사랑의 목회, 사람을 살리는 생명의 목회를 강조합니다. 오늘 우리가 사랑 과잉의 시대를 살고 있지만, 그 모든 것이 자기사랑(amor sui)으로 변질되고 있는 것을 봅니다. 그만큼 목회 현장에서 그리스도의 사랑을 구현해 내는 것이 어려워지고 있습니다. 하지만 이 일을 잘 감당할 때 생명의 역사가 더 크게 나타나게 될 것입니다.

김 목사님의 표현처럼 "목회는 신학의 종합예술"입니다. 아무리 훌륭한 신학이 있어도 목회의 현장에서 이를 바르게 구현해 내지 못한다면 이는 무력한 신학에 그치고 말 것입니다.

김 목사님의 목회를 통해 '우리의 신학이 참 값지구나!' 하는 자부심을 갖게 해 준 것에 대해 감사하지 않을 수 없습니다. 목회의 신학과 실제가 그 자신의 구체적 목회 경험과 잘 어우러져서 빚어진 결과물이기에 목회의 길을 걷고 있거나 준비하는 분들에게 이 책을 기쁘게 추천합니다.

50여 년의 목회현장 간증서

정주채 목사 ㅣ 향상교회 은퇴

나는 본서의 원고를 읽으면서 '현장목회론'이란 말이 떠올랐습니다. 내가 써보고 싶었던 책이 바로 이런 책이었기 때문입니다. 15, 6년 전의 일이지만 나는 교계 어느 출판사로부터 현장목회에 대한 집필을 부탁받은 일이 있었습니다. 목회에 대한 신학적이거나 이론적인 책들은 더러 있지만 대부분 현장경험이 없는 저자들의 책이어서 읽는 사람들에게 생생한 공감을 일으키지 못한다는 것이 집필 의뢰의 이유였습니다.

나는 해보겠다며 일단 긍정적인 대답을 했으나 막상 쓰려고 하니 쉽지 않았습니다. 당시는 시무 중이어서 시간 내기도 힘들었지만 목회경험을 정리해서 책으로 쓴다는 것이 결코 만만치 않다는 것을 많이 느꼈습니다. 그래서 은퇴 후에나 한번 시도해 보겠다며 미뤘지만 아직까지도 쓰지 못했습니다. 그러나 이번에 저자가 보내온 본서의 원고를 읽으면서 '바로 이런 책이다'라는 생각이 들었고 그때 승낙했던 약속의 짐을 벗었다는 홀가분한 느낌도 들었습니다.

본서는 신학적이고 이론적인 책이 아니라 50여 년의 교역을 통해 경험한 목회현장을 잘 정리한 간증서입니다. 목회를 준비하고 있는 후보생들, 지금 목회현장에 있는 사역자들이 읽으면 한 부분 한 부분이 다 체감할 수 있는 내용들입니다. 따라서 한 번 읽고 넘어갈 책이 아닙니다. 현장에서 어떤 문제가 생기거나 의문이 있을 때 사전처럼 찾아 답을 얻을 수 있는 지침서입니다.

　선배의 책에 추천사를 쓴다는 것이 어울리지 않는 일이지만 지금도 현장에 있는 목회자들과 후보생들 그리고 성도들에게 적극적으로 추천하는 바입니다.

52년 섬김을 압축해 본 목회학

이상규 목사 ┃ 고신대학교 명예교수, 백석대학교 석좌교수

이번에 김철봉 목사님께서 '목회는 신학의 종합예술이다'라는 책을 출판하게 된 것을 환영하고 축하합니다. 김철봉 목사님은 책을 가까이 하시면서 연구하시는 목사로서 학식과 인격 그리고 영성을 겸비한 성공적인 목회자였습니다. 마산과 서울 그리고 부산의 중심되는 대교회에서 목회하신 교계의 원로이며, 대한예수교장로회(고신) 총회장을 역임하신 교회 지도자이기도 합니다. 특히 그는 20대 청년기에서부터 목회 사역을 시작하여 2020년 은퇴하기까지 52년간 때로는 소규모의 농촌교회에서 때로는 도시의 대형교회에서 목회하신 존경받는 설교자이셨습니다. 그 긴 기간 동안 그가 보고 듣고 경험했던 목회 현장의 이야기는 젊은 목회자들이 대학 강의실에서는 배울 수 없는 값진 경험이라고 할 수 있습니다.

이런 점에서 그가 지난 52년간 경험했던 목회 여정에서 얻는 목회론은 한두 권의 책으로 담을 수 없는 풍부하고도 풍요로운 산물이며 신학

도들이나 목회자들이 반드시 읽고 배워야 할 가치 있는 기록이라고 생각합니다. 과거 평양신학교에서 36년 동안 실천신학과 목회학을 가르쳤던 곽안련 박사(Dr Charles Allen Clark)는 목회자가 연소(年少)함을 극복하는 최선의 길은 선배 목회자로부터의 배움(法古)이며, 이를 통해 자신의 창의적인 목회(創新)를 시도할 수 있다고 말하면서 "과거의 목회를 알게 되면 젊은 목회자가 흔히 범하기 쉬운 과오를 면할 수 있고" 이것이 "청년 목회자들에게 허다한 새 이상을 얻을 수 있게 한다"라고 지적한 바 있습니다.

김철봉 목사님의 이 책이야말로 오늘의 목회자들을 가보지 못한 세계로 인도하는 길잡이이자 안내자이고 목회 지침이자 나침반이라고 생각합니다. 저는 저자의 이 원고가 신문에 연재될 때 읽으면서 목회가 무엇인가를 다시 생각하게 되었고 '목회자는 여러 상황에서 다양한 경험을 통해 수신진덕(修身進德)에 이르게 되는구나!'라는 생각을 했습니다.

김 목사님의 이 책은 오늘 우리 시대를 위한 목회학 교과서라고 생각합니다. 평생 목회했던 한 목회자의 이 기록은 목회자의 길을 가는 신학도나 목회자만이 아니라 성도들에게도 자신의 주변을 돌아보는 안내서가 될 것입니다. 이런 점에서 이 책을 목회 활동 전반에 대한 리포지터리(寶庫)라고 확신합니다.

아름답고 영적인 삶의 이야기

최대해 총장 ┃ 대신대학교, 한국신학대학총장협의회장

김철봉 목사님의 귀한 옥고인 '목회는 신학의 종합예술이다' 출간을 축하드리며 모든 것을 인도하신 하나님께 영광을 돌립니다.

목사님께서는 고신교단 증경총회장과 사직동교회 원로목사님으로 그동안 걸어오셨던 길이 믿음의 후진들에게 사명자가 가야 할 방향을 감동과 말씀으로 제시해 주셨습니다. 우리 대학 채플시간에 신학생들이 어떤 길을 가야 할지 머뭇거리는 순간에 분명한 영적인 비전을 제시해 주셨습니다. 목사님께서는 후학들이 갖추어야 할 품격과 영성을 지닌 인물로 세우는데 새로운 울림이 있는 패러다임을 제시해 주신 귀한 어른입니다. "옛날을 기억하라 역대의 연대를 생각하라 네 아버지에게 물으라 그가 네게 설명할 것이요 네 어른들에게 물으라 그들이 네게 말하리라"(신 32:7)라고 하심은 영성과 뜨거운 체험으로 교단을 넘어 한국 교회에 귀감이 되신 목사님을 가리키는 것 같습니다. 아름답고 영적인 삶의 이야기를 담은 이 책이 목회자들과 성도들 모두에게 귀한 선물이 될 것을 확신하며 추천의 글을 올립니다.

사랑의 사도 김철봉 목사

황성주 박사 ∣ 사랑의병원 원장, 선교통일협의회 상임대표

몇해 전 사직동교회 전도집회 강사로 갔다가 충격을 받았습니다. 천여 명의 비신자들이 참석한 가운데 복음을 선포했는데 김철봉 목사님의 목회적 응집력 때문이었습니다.

이후 선교통일한국협의회의 공동대표로 같이 사역하는 가운데 알게된 사실은 목사님께서는 많은 분의 칭찬과 사랑을 받는 한국교회의 큰 봉우리로 지금까지 교단적으로도 큰 버팀목이 되었고 교회적으로는 선한 목자의 모델로 일생을 하나님 사랑, 성도 사랑에 헌신하신 분이라는 것입니다.

무엇보다 선이 굵은 목사님은 DL 무디를 연상케 하는 확신의 사도로, 손양원 목사님을 연상케 하는 사랑의 사도로 아낌없이 전 삶을 바쳐 주님을 섬기고 계십니다. 그 목회사역의 엑기스를 뽑은 '목회는 신학의 종합예술이다'를 통해 목사님과 동일한 영성이 많은 사역자에게 흘러가기를 기도합니다.

'교회사랑·영혼사랑'의 목회 참고서

최정기 목사 | 고신언론사 사장

교계 언론에서 30년 넘게 사역하며 느끼고 체험한 몇 안 되는 깨달음 중의 하나는 '역시 사람'입니다. 이 '사람의 중요성'은 지극히 당연하고도 상식적인 것이어서 그리 유별난 깨달음도 아닙니다. 그런데 이는 문득문득 되새겨지고 곱씹게 되는 변하지 않는 참말인 것 같습니다. 특별히 한 시대(?)가 열리고 막을 내린다든지, 한 인물의 등장과 퇴장의 시점에서 더 절실히 느껴지는 묘한 생각입니다.

2020년 10월 어느 주일 오후, 김철봉 목사님께서 52년의 성역을 마치고 은퇴하시는 은퇴예배에 참석했습니다. 그날의 예배는 대단히 은혜로웠고 감동적인 순간도 많았습니다. 하지만 그 시간 속에서 인간적으로 느꼈던 첫 감정은 '대단히 서운하다'였습니다. 부정적 의미의 서운함이 아닙니다. 왠지 모를 아쉬움과 세월에 대한 미련이랄까, 아니면 정년이 규정된 교단법에 대한 야속함 같은 것 아니었을까 싶습니다. 물론 정년에 의한 그날의 은퇴는 모두가 이미 전부터 인식해 온 일이었습니다.

그럼에도 김 목사님의 은퇴는 저에게 적지 않은 아쉬움이라고 정리하고 싶었습니다. 물론 이런 아쉬움의 감정들이 모든 경우의 은퇴식에 다 동일하게 느껴지는 것은 아님은 솔직한 저의 마음입니다.

몇 개월 뒤, 우연히 뵙게 된 김 목사님과의 대화에서 그간의 목사님 목회와 교회를 사랑하는 마음 그리고 성도들을 어떻게 아끼고 돌보았는지를 한번 정리하고 싶다는 말씀을 들었습니다. 그때 저는 조금도 주저하지 않았습니다.

"목사님! 그렇게 하시지요!" "목사님의 목회 이야기를 듣고 싶고, 남기고 싶습니다." 그렇게 시작된 목사님의 '목양 이야기'가 기독교보에 1년 6개월 동안 연재됐습니다. 그리고 이제 드디어 한 권의 책으로 나오게 됐습니다. 목사님의 목회는 한 마디로 '교회사랑·영혼사랑'이라 정리하고 싶습니다. 이 목회 정신은 시대와 공간을 초월하는 변함없는 목회 원리인 줄 압니다. 지금이 21세기 초현대 디지털 시대지만 그럼에도 이 정신은 교회가 이 땅에 존재하는 한 변하지 않는 원리일 것입니다.

점점 힘들어가는 목회 환경 속에서 친절하게 목회의 기본을 설명하고, 현장 속에서 찬찬히 풀어 가시는 목사님의 '목회 이야기'는 분명, 이 시대 교회를 세우고 살릴 선하신 하나님의 선물임을 믿어 의심치 않습니다. 52년 목회 사역 속에 담긴 그 사랑과 지혜와 열정이 가득한 좋은 목회 참고서로 이 시대 목회자들과 성도들에게 꼭 필요한 책으로 널리 읽혀지기를 간절히 소원합니다.

목회와 교회사랑

'아낌없이 주는 나무'라는 말은 우리에게 감동을 준다. 나무는 맑은 산소와 여름철에는 햇볕을 가려주는 그늘을 제공한다. 그리고 마지막에는 자기 전부를 목재로 또는 화목(火木)으로 내줘버린다.

복음을 위한 교회 사역자로 무려 52년을 섬기고 2020년 10월 25일 정년퇴임 했다. 정말 하나님의 크신 은혜였다. 그리고 '고신(高神)총회'라는 큰 울타리 속에서 온갖 사랑과 혜택을 참으로 많이 누려왔다. 52년이란 시간은 강산이 무려 다섯 번 바뀐 세월이다. 그렇다보니 보고 듣고 느끼고 감동하고 후회하고 고치고 깨달은 것이 적지 않다.

등산할 때는 힘겨워서 그저 밑바닥만 바라보면서 올라간다. 그러니 돌부리와 나무밖에 보이지 않는다. 그러다가 마침내 정상에 올라서면 동서남북 사방이 한눈에 들어온다. 이 경험을 믿음의 조상 아브라함도

해 보았을 것이다(창 13:14~15).

선배들의 뒤를 이어 목회 여정을 마무리하면서 의미 있는 묵상이 됐다. 생생한 기억이 사라지기 전에 사랑하는 후배 목회자들에게 도움을 주고 싶었다. 감당해나가야 할 사역인데 그 미지의 세계에 대해 예비지식을 얻어 목회 방향을 어느 정도 가늠한다면 목회 여정이 그리 괴롭거나 힘들지 않을 수 있을 것이다. 후배 목회자들을 위하여 '아낌없이 주는 나무'가 되고 싶다.

무슨 일이든지 동기가 중요하다. "당신은 이 사역(일)을 왜 하려고 합니까?" 이 질문에 시원하게 대답할 수 있다면 그 사람은 소신이 분명한 사람이다. 목회(Pastoral ministry)가 무엇이던가? 목회자에게 가장 중요한 것은 목회자가 된 이유다. 당신의 목회 동기는 무엇인가? '교회를 향한 확신과 애정'이 목회의 동기가 되어야 한다.

1) 마태복음 16장 18절

주님의 말씀이다. "내가 내 교회를 세우리니" 이것은 목회 동기의 기본이다. 주님이 세우신 교회를 나 같은 사람이 섬기고 목회하다니 이런 과분한 은혜가 웬일인가? 주님이 친히 세우신 교회이니 우리의 목회는 오로지 '교회사랑'이어야 한다.

2) 사도행전 20장 28절

교회는 주님께서 '자신의 피로써 세우신' 것이다. 피보다 더 소중하고 엄숙하고 진지한 것은 없다. 거기다 '주님의 피'다. 목회자는 교회를 바라보고 생각할 때 항상 이 진리를 잊지 말아야 한다. 이 세상에서 주 예수 그리스도께서 피 흘려 사신 것은 '교회' 뿐이다. 그러니 교회보다 더 소중하고 아름다운 것은 없다. 이 교회를 사랑하지 않으면서 어떻게 목회할 수 있으랴?

3) 골로새서 1장 24절

교회는 예수님의 '몸'이다. 사람은 누구나 자기 몸을 가장 아낀다. 보양(保養)한다. 마찬가지로 주님께서도 교회를 지극히 아끼고 양육하고 보호하신다. '자신의 몸'이기 때문이다. 목회자가 이 교회를 사랑하지 않을 수 있겠는가? 목회의 동기는 단순하고 명료하다.

4) 고린도후서 11장 28절

바울 사도는 교회를 얼마나 좋아했으면 형언할 수 없는 고난을 겪으면서도 '교회'만 생각하면 고통, 고난, 괴로움을 다 잊어버릴만큼 교회를 사랑하고 아끼고 싶은 마음뿐이라고 고백한다.

5) 고린도후서 12장 15절

이 구절은 목회자들을 향하여 묻고 있다. "목회자여, 교회를 크게 기뻐하는가? 교회를 위해서라면 당신이 가진 모든 것을, 최후에는 당신의 '목숨'마저 내어놓을 수 있겠는가?" 이처럼 목회의 동기는 교회사랑이다.

교회를 사랑하는 김철봉 목사

1부

목회의 정의

목회란 무엇인가?

    교사는 교육에 대한 깊은 성찰과 고뇌 그리고 공감을 한 뒤 교직에 몸 담을 때 의미를 찾고 보람을 누릴 수 있다. 마찬가지로 목회도 오랜시간 진지하게 고민한 후에 몸을 담가야 한다. 한순간의 충동이나 감동 때문에 조급하게 뛰어들 일이 결코 아니다.

    목회자의 대 스승 마르틴 루터는 자신이 가르치던 비텐베르크대학교 신학생들에게 "목사 되기를 피하라. 지옥을 피하듯이 피하라!"고 했다. 그 깊은 의미를 생각해 볼 일이다.

    목회는 목자(牧者)의 심정과 자세로 '성도를 먹이고 돌보는 것'이다. 그래서 목회(牧會) 또는 목양(牧羊)이라고 한다. 목자(목회자)는 양떼의 형편을 '부지런히 살피며' 소떼에 '마음을 두어야' 한다. 양떼와 소떼 주변에는 맹수나 도적이 어느 순간 가축을 물어뜯고 죽이고 훔쳐 달아날지 모른다. 지상교회 역시 끊임없이 사악한 세력들로부터 침노를 당한다. 그러므로 목자는 늘 깨어 있어야 한다.

"²⁸여러분은 자기를 위하여 또는 온 양 떼를 위하여 삼가라 성령이 그들 가운데 여러분을 감독자로 삼고 하나님이 자기 피로 사신 교회를 보살피게 하셨느니라 ²⁹내가 떠난 후에 사나운 이리가 여러분에게 들어와서 그 양 떼를 아끼지 아니하며 ³⁰또한 여러분 중에서도 제자들을 끌어 자기를 따르게 하려고 어그러진 말을 하는 사람들이 일어날 줄을 내가 아노라"(행 20:28~30).

바울 사도는 밤낮 쉬지 않고 눈물로 목회를 했다. 목자들은 더운 여름이든 추운 겨울이든 가리지 않는다. 비바람과 이슬과 눈을 피하지 않는다. 맡은 양떼와 소떼를 살피고 먹이고 보호하는 일에 몰두한다. 그러다가 어떤 경우에는 맹수에게 양떼를 지키다가(삼상 17:34~35) 자기 목숨을 잃기까지 한다(요 10:11).

예수님께서 무엇이라고 말씀하시는가? 선한 목자(좋은 목회자)는 양(성도)들의 이름을 각각 부른다. 성도의 이름을 알아야 그 성도의 형편을 알 수 있고 책임 있게 돌볼 수 있다(요 10:3). 양은 자기 목자의 음성을 알아듣는다(요 10:4). 이는 단순히 목자의 음성이 '들린다' 정도가 아니고, 자기 목자를 신뢰하므로 즐겁게 따라간다는 뜻이다(요 10:4~5). 마치 아이가 엄마를 신뢰하므로 즐거운 마음으로 엄마를 따르는 것처럼 말이다.

예수님께서 말씀하시는 목자 그리고 목회자 상은 이것이다. 신실한 목자는 때를 놓치지 않고 양떼에게 먹이를 챙겨준다. 양을 단순히 좋아하는 것만으로 끝나서는 신실한 목자가 될 수 없다. 양이 잘 자라도록 먹여야 한다(시 23:1~2). 양을 굶어 죽게 만든다면 그는 목자가 아닌 삯꾼이다(겔 34:2). 양떼를 잘 보호하지 못하는 목자도 삯꾼이다(겔 34:5, 8). 신실한 청지기(목회자)의 덕목 중에 매우 중요한 것은 '맡겨진'(be charged) 성도들을 '배불리 먹이는 것'이라고 예수님께서 강조하신다 (마 24:45).

한 나라의 통치자 즉 국정책임자의 최고 덕목 역시 백성(국민)을 배불리 먹이는 것이다. 이 책임을 수행하지 못하거나 해낼 능력이 없으면 그 자리에서 깨끗이 내려와야 한다.

목회가 무엇인가? 자신에게 맡겨진 하나님의 양떼를 '배불리 먹이고 안전하게 지키는 것'이다. 이것이 안 되면 목회자로서 중대한 결격사유가 된다. 부르심(召命, calling)에 대하여 냉정한 점검이 필요하다.

"1. 주는 나를 기르시는 목자요 나는 주님의 귀한 어린양 / 푸른 풀밭 맑은 시냇물가로 나를 늘 인도하여주신다 3. 못된 짐승 나를 해치 못하고 거친 비바람 상치 못하리 / 나의 주님 강한 손을 펼치사 나를 주야로 지켜주신다."(찬송가 570장).

목회에 대한 우리의 이해와 헌신은 앞서간 선배들에 비해 턱없이 모자란다(히 13:7). 장차 '삯꾼'이라고 주님께 책망 받을까 두려워하면서 '목회의 본질'을 끊임 없이 추구하자.

한 영혼을 목회하라!

거듭 강조하고 싶다. 목회자가 항상 염두에 두어야 할 대(大)전제가 있다. 그것은 '한 영혼의 소중함'이다. 그 근거는 마가복음 8장 36~37절이다. "사람이 만일 온 천하를 얻고도 자기 목숨을 잃으면 무엇이 유익하리요. 사람이 무엇을 주고 자기 목숨을 바꾸겠느냐?"

이 말씀은 가이사랴 빌립보에서 예수님께서 제자들에게 복음을 위한 사명 즉 목회사역을 명하시면서 주신 대전제다. 목회자는 '한 영혼이 천하보다 소중하다'라는 전제를 한순간도 놓쳐서는 안 된다(고전 8:11).

1945년 해방 이후, 우리는 지금까지 자유민주주의 사회에서 살고 있다. 이 제도는 인류 역사상 인간이 만든 이념 체계 또는 삶의 방식으로는 가장 이상적인 제도임이 증명되고 있다. 그렇다고 이 제도가 완벽한 것은 아니다. 특히 경제문제에 있어 '대량생산, 과잉소비'를 미덕으로 삼다 보니 '한 사람의 소중함'이 경시되고 외면당하기 쉽다. 사람이 생산의 수단이 되고, 화려한 소비에 몰입하다 보면 그 소비를 가능하도록 노동력을 끝없이 제공하는 사람의 존재는 쉬 잊는다.

이런 사회 문화 속에서 목회를 하다 보니 목회자 역시 '한 영혼을 위한 목회'보다 대형교회를 꿈꾸면서 쉼 없이 달려가게 된다. 목회자는 이제 '맹목적으로 앞만 향해 달려가던' 목회의 질주를 멈추고 자신의 목회 방향이 화려함만을 추구하고 있지 않은지 겸손하게 점검해야 한다.

"⁵어떤 사람들이 성전을 가리켜 그 아름다운 돌(美石)과 헌물로 꾸민 것을 말하매 예수께서 이르시되 ⁶너희 보는 이것들이 날이 이르면 돌 하나도 돌 위에 남지 않고 다 무너뜨려 지리라"(눅 21:5~6).

예수님은 몸소 '한 영혼을 찾아 나서는 목양'을 수차례 보여주셨다. 여리고의 세리장 삭개오 한 사람을 찾아서 살려내는 목양을 보라. 그의 집에서 하룻밤을 주무시면서까지 한 영혼을 돌보는 일에 몰두하셨다. 그러면서 "내가 온 것은 잃어버린 한 사람을 찾아 구원하려 함이라"(눅 19:10)는 목회의 대원칙을 말씀해 주셨다. 사마리아 수가 성의 한 영혼을 위해 유대인으로서는 금기되었던 사마리아를 기어코 찾아가셨다(요 4:4).

예루살렘의 베데스다 못가에서 장애를 치유 받고자 기약 없이 기다리고 있던 38년 된 병자를 생각해 보라. 그 누구도 이 가련한 사람을 주목하지 않는다. 사람들의 눈에 이 38년 된 병자는 자신들을 불편하게 만드는 무의미한 존재에 지나지 않았다(요 5:3, 7). 그러나 예수님은 이 장애인을 '잃어버린 한 사람이요 소중한 한 영혼'으로 보셨다(요 5:5~6).

가버나움에 주둔하던 로마군 백부장 집에서 일하던 하인 한 사람이 중풍병에 걸려 몹시 고통 중에 있었다. 우리가 주목해야 할 것은 병들어 고통받는 사람은 백부장이 아니고 그 집 하인이었다는 점이다. 예수님께서는 그 하인을 살려내고자 기꺼이 그를 만나러 가셨다. 예수님의 그 의지가 우리의 무딘 감정을 부끄럽게 한다(마 8:6~7).

요한복음 8장을 보자. 간음하다가 현장에서 발각돼 흥분한 군중들로부터 즉사 직전의 위기에 처한 여인이 있었다. 군중들은 한결같이 '비난과 멸시, 정죄의 눈'으로 여인을 주시하고 있었다. 여인은 군중들로부터 몰매를 맞기 전에 이미 삶의 의지가 꺾여 버렸다. 실로 '죽은 사람'이나 다를 바 없었다. 그 여인은 버려지고 심판이 끝나버린 존재였다(요 8:3~5).

예수님은 이 여인을 포기하지 않으신다. 군중들의 격앙된 분위기를 차분히 가라앉히신다(요 8:6). 그리고 누구도 시도하기 어려운 '사람들의 굳게 닫힌 양심'을 열어젖히신다.

"예수께서 몸을 굽히사 손가락으로 땅에 쓰시니… 이에 일어나 이르시되 너희 중에 죄 없는 자가 먼저 돌로 (이 여인을) 치라"(요 8:6~7).

버림받아 쓰러져가는 한 영혼을 향한 목자의 간절한 마음은 사람들의 굳어버린 양심을 살아나게 만든다.

"그들이 이 말씀을 듣고 양심에 가책을 느껴 어른으로 시작하여 젊은 이까지 하나씩 하나씩 나가고…"(요 8:9).

그 마을 사람들은 이 여인을 포기했다. 그러나 예수님은 한 영혼을 긍휼의 눈으로 바라보셨다. 이 마음이 한 영혼뿐 아니라 마을 사람 전체를 '무관심과 비난과 정죄의 일상화된 습성'에서 벗어나게 했다. "한 사람이 곧 우주다"라는 말이 있다. 목회가 무엇인가? 버려지고 잊힌 한 영혼을 찾아 나서는 것이다(눅 15:4, 7, 10).

목회자를 환대하자!

담임목사와 젊은 목회자들은 '목회자를 환대하자'라는 주제를 쉽게 다루지 못한다. 나 역시 이 주제로 노골적으로 설교하거나 다루어 본 기억이 거의 없다. 목회를 잘하고 있노라고 확신할 수 없어서 또는 쑥스러워서 이 주제를 다루지 않았으리라. 하지만 성경은 분명히 이 주제를 다루고 있다. 그래서 솔직하게 다루고 싶다. 왜냐하면 성도들이 은혜롭게 신앙생활을 할 수 있기 때문이다. 목회자들 역시 주 안에서 용기를 얻고 격려를 받을 수 있기 때문이다. 이 주제를 잘 받아들이면 행복하게 신앙생활을 할 수 있게 된다.

우리는 그리스도인으로서 주 안에서 서로 환대하는 것이 마땅하다. 왜냐하면 삼위 하나님께서 우리를 엄청나게 환대해 주셨기 때문이다. 하나님께서는 이방인이요 죄인이었던 우리를 과분하게 환대해 주셨다 (사 61:5~10).

우리 주 예수 그리스도께서는 이 땅에 오셔서 세리와 창녀, 고아와 과부를 비롯해 우리 모두를 환대해 주셨다(롬 5:6, 8, 10). 성령님께서는 오늘도 우리를 환대해 주고 계신다(요 16:7).

지금도 내 마음에 감동으로 남아 있는 것은 은퇴를 앞두고 후임 목회자 청빙 공동의회를 기다리는 어느 주일에 '환대하는 교회'라는 주제로 말씀을 증거했다.

성도들이 큰 감동을 받았다. 은퇴할 담임목사가 후임 목회자를 따뜻이 환대하자고 간곡히 권면하는 모습이 아름답고 감사하게 느껴졌다는 것이다.

요즘은 자신의 주관이 분명한 시대이다. 그럼에도 불구하고 97.6%의 찬성으로 후임 목회자를 환영하는 모습을 지켜볼 수 있었던 것은 큰 기쁨이고 행복이었다(고전 16:10).

'목회자를 환대하자'고 할 때
먼저 짚고 넘어가야 할 전제가 있다

① 목회자는 '진리'(성경, 복음)를 전해야 한다. 슬픈 사실은 이미 초대교회 시절부터 '거짓'을 가르쳐 양떼를 현혹해 혼돈에 빠지게 만드는 삯꾼들이 있었다는 것이다(행 20:29~30; 고후 11:13~15; 갈 1:6~9; 벧후 2:1~3; 요일 2:22; 요이 7).

② 목회자는 양심과 성품 즉 인격이 신실해야 한다. 특히 목회자는 신실(sincerity/faithfulness)함이 자신의 전부여야 한다. 신실함이 없으면 진리를 외친다 한들 허공을 때리는 소음만 되고 만다(딤후 1:3~5; 요 1:47). 이 세상의 모든 직임자가 신실해야 마땅하겠지만 특히 목회자는

'신실함의 대명사'가 되어야 한다.

③ 목회자는 자기 자신보다 양떼와 복음과 교회를 더 사랑해야 한다 (눅 14:26, 27; 요 10:11; 행 20:24; 딤후 4:6).

④ 목회자는 사람 앞에서 정직하고 솔직해야 한다. 실수하거나 연약 할 때 "저도 불완전한 사람입니다. 저를 도와주십시오"라고 말할 수 있 어야 한다(민 11:12; 삼하 12:13; 왕상 19:4; 마 26:72; 갈 2:11~14, 4:14; 롬 7:22~24). 이 같은 목회자라면 성도들이 환대하지 않을 수 없으리라.

그러면 '목회자를 환대할 이유'를 성경적으로 살펴보자
① 무엇보다 주님께서 간곡하게 당부하고 계신다.

"⁴⁰너희를 영접하는 자는 나를 영접하는 것이요 나를 영접하는 자는 나를 보내신 이를 영접하는 것이니라 ⁴¹선지자의 이름으로 선지자를 영 접하는 자는 선지자의 상을 받을 것이요 의인의 이름으로 의인을 영접 하는 자는 의인의 상을 받을 것이요 ⁴²또 누구든지 제자의 이름으로 이 작은 자 중 하나에게 냉수 한 그릇이라도 주는 자는 내가 진실로 너희 에게 이르노니 그 사람이 결단코 상을 잃지 아니하리라 하시니라"(마 10:40~42).

목회자를 가리켜 '주의 종'이라고 부른다. 목회자 편에서는 주님의 뜻,

주님의 명령이라면 무조건 순종할 뿐 아니라 목숨까지도 내던질 결심이 되어 있어야 주의 종이라 할 수 있다. 성도들 편에서는 주님이 목회자를 세우셨고 보내신 사역자라고 기쁘게 수긍해야 한다.

세계적 대기업가였던 미국의 록펠러 어머니가 아들에게 평소에 가르쳤다는 교훈 중에 '목회자를 하나님 다음으로 귀하게 여겨라. 목사님의 설교를 잘 듣기 위하여 예배시간에 맨 앞자리에 앉으라'는 것이었다. 요즘 사람들에게는 전설적인 옛이야기로 보일지 모르겠다. 그러나 주님께서는 복음 전도자와 목회자를 자신을 맞이하는 것처럼 환대하라고 당부하신다(요 13:20; 갈 4:14; 빌 2:29).

② 자신의 신앙생활이 즐겁고 무엇보다도 '말씀의 은혜'를 잘 받기 위해 목회자를 환대하자.

신자에게 가장 소중한 한 가지는 '하나님의 말씀'을 풍성히 받아 누리는 것이다. 하나님의 말씀은 목회자의 말씀선포 즉 설교를 통하여 신자에게 전달된다.

데살로니가교회는 사도 바울을 통하여 말씀을 듣고 받을 때 '사람의 말'로 받지 아니하고 '하나님의 말씀'으로 받아들였다(살전 2:13). 이런 아름다운 모습이 어떻게 가능했는가? 그것은 데살로니가교회 성도들이 바울을 '하나님의 종, 하나님이 보내주시고 세워주신 목회자'라고 믿고 '환대'하므로 가능했다.

신앙생활의 내용에는 여러 항목이 있으나 '말씀의 은혜를 풍성하게 받는 것'이 가장 중요하다(마 4:4; 요 6:68; 시 119:50, 103; 딤후 4:13, 16; 딤후 2:15; 벧전 1:10~12, 23; 계 1:3). 자신의 교회 목회자를 환대할 때 그의 신앙생활은 즐겁기 그지없고 특히 '말씀의 은혜'가 풍성하고 부요해진다.

③ 성경은 약속하고 있다. 목회자를 환대할 때 하나님께서 복을 주신다.

관련된 성경 구절(히 3:17; 마 10:11~13; 마 10:40~42; 요한서신 1, 2, 3서)을 보라! 사도 요한은 그의 가르침과 양육을 받는 신실한 그리스도인들을 향해 마음에서 우러나오는 축복을 간구하고 있다.

"사랑하는 자여 네 영혼이 잘 됨같이 네가 범사에 잘 되고 강건하기를 내가 간구하노라"(요삼 2).

주기철 목사님과 그 가족을 끝까지 환대했다는 평양 산정교회 유계준 장로의 전설적 미담은 차치하고서도 세상인심은 각박해져 가지만 교회는 여전히 목회자를 환대하고 있다는 훈훈한 소식이 여기저기서 들려오기를 기대한다(요삼 3~8).

목회는 신학의 종합 예술이다!

우리 시대 현자요 덕망 높은 김형석 연세대 명예교수께서 "백 년을 살고 보니 60~75세까지가 내 인생의 황금기였다"라고 말씀하셨다.

노(老) 교수의 이 회고 한 구절은 지금 전국에 유행어로 자리 잡고 있다. 과연 그러하다. 나는 27세에 목사로 장립 받고 군목으로 목회를 시작했다. 전역 후 부목사로 교회를 섬기다가 33세 때 담임목사로 위임 받아 만 70세 정년은퇴까지 43년 동안 사역했다. 나름 젊음과 열정과 헌신적인 마음가짐으로 목회 여정을 달려왔다. 은퇴한 지금 달려온 길을 돌아보면 나 역시 60세 이후부터 '목회'가 제대로 눈에 보이기 시작했다.

'육십에 이순(耳順)한다'던 옛 조상들의 말이 깊은 뜻을 지녔음을 깨닫게 된다. 그 깨달음 가운데 하나가 '목회는 신학의 종합예술이다'라는 것이다. 스포츠에 있어서 단체 구기 종목 감독이 가장 선호하는 선수가 멀티 플레이어(multi-player)이다. 왜냐하면 경기 전체를 바라보면서 경기 흐름을 조율하고 동료에게 득점 기회를 제공하기 때문이다.

목회자는 신학교에서 어학(히브리어, 헬라어), 주경신학, 신약, 구약,

조직신학, 역사신학(교회사), 실천신학 등을 공부한다. 왜 이렇게 방대한 신학 분야들을 공부해야 할까? 목회가 그만큼 중요하기 때문이다. 목회자는 주님께서 맡겨주신 '양떼'를 기르고 먹이고 안전하게 지켜야 하기 때문이다(잠 27:23; 행 20:28~29). 어머니가 자녀를 온전한 인간으로 키워내는 것과 같다.

어머니는 기본적으로 음식을 만들어 자녀(가족)를 먹여 살리고 키우는 일이 가장 중요하다. 그러니 어머니는 음식을 '잘 만들어야' 한다. 목회자의 제일가는 직무 역시 하나님의 말씀으로 성도들을 배불리 먹여야 한다. 성경을 깊이 연구 묵상하여 '설교'로 양떼를 잘 먹여야 한다. 그래서 목회자는 설교를 잘해야 한다. 목회자는 성경박사가 되어야 한다. 이를 위해 '힘을 다해' 수고해야 한다(골 1:28~29). 그렇다고 목회자가 '설교'만 잘하면 다 되는 것인가?

요즘 한국교회 안에 "목사님은 설교만 열심히 준비하여 잘 해 주세요. 나머지는 우리가 알아서 하겠습니다." 이렇게 요구하는 풍조가 확산하는데 옳은 현상인가? 어머니가 자녀들에게 밥(음식)만 잘 먹이면 책임을 다하는 것인가? 아니다. 사람으로서 갖추어야 할 상식, 지식, 예의, 그리고 이 세상을 스스로 살아갈 수 있도록 능력을 구비하도록 해야 한다. 즉 교양과 실력을 갖추도록 끊임없이 가르치고 준비시켜야 한다. 목회도 비슷하다. 성경에는 목회의 핵심을 이렇게 설명하고 있다.

"[11]그가 어떤 사람은 사도로, 어떤 사람은 선지자로, 어떤 사람은 복음 전하는 자로, 어떤 사람은 목사와 교사로 삼으셨으니 [12]이는 성도를 온전하게 하여 봉사의 일을 하게하며 그리스도의 몸을 세우려 하심이라 [13] 우리가 다 하나님의 아들을 믿는 것과 아는 일에 하나가 되어 온전한 사람을 이루어 그리스도의 장성한 분량이 충만한 데까지 이르리니 [14]이는 우리가 이제부터 어린 아이가 되지 아니하여 사람의 속임수와 간사한 유혹에 빠져 온갖 교훈의 풍조에 밀려 요동하지 않게 하려 함이라 [15]오직 사랑 안에서 참된 것을 하여 범사에 그에게까지 자랄지라 그는 머리니 곧 그리스도라 [16]그에게서 온 몸이 각 마디를 통하여 도움을 받음으로 연결되고 결합되어 각 지체의 분량대로 역사하여 그 몸을 자라게 하며 사랑 안에서 스스로 세우느니라"(엡 4:11~16).

목회란 성도 한 사람 한 사람을 주님의 교회를 건강하게 세워나가는 거룩한 일에 유능한 역군이 될 수 있도록 훈련하고 구비시키는 직무이다. 주 예수 그리스도께서 친히 오셔서 십자가에 못 박혀 죽으시면서까지 인간을 구원하려고 했던 거룩한 사명을 어찌 목회자 홀로 다 감당할 수 있겠는가? 성도들을 목회자의 동역자(同役者)로까지 훈련해 구비하는 것이 목회의 핵심이다.

성경에서 '목회학'이라 불리는 디도서는 교회의 지도자(감독자)가 될 장로의 자격(신앙, 교양, 능력)으로 하나님의 부르심을 받은 그리스도인으로서 신앙과 교양과 실력과 실천 모든 면에서 세상 사람들을 압도할 수 있어야 한다고 힘주어 강조하고 있다(딛 1~3장).

그렇다. 실제로 목회의 내용을 보면 설교, 성경공부, 기도, 심방, 상담, 긍휼 사역, 소그룹 운영, 성찬 집례, 예배 인도, 기도회 진행, 교회 행정관리, 직분자를 세우고 훈련하기, 당회 운영, 노회 참여, 총회 협력, 선교 사역, 신학교 후원, 다음세대 양육 등이 있다. 나열한 직무들만 보더라도 목회는 '종합예술'이라고 말할 수 있다.

'설교'가 목회에서 가장 소중한 직무임은 분명하다. 그렇다고 설교만 열심히 잘한다고 '온전한 목회'가 될 수 없다. 강단 위 설교만으로 양떼들과 어떻게 교감, 교류, 교통할 수 있겠는가?

성도들은 냉혹하고 치열한 삶의 현장에서, 질병과 고통의 굽이굽이에서 '하늘나라 시민과 이 땅의 백성'으로서 숱한 삶의 굴곡들을 헤쳐나가느라 분투하고 있다.

목회자는 그 양떼 속으로 들어가서 함께 숨 쉬고 땀 냄새를 맡으면서 부둥켜 안기도 하고 손도 잡아 주어야 한다. 즉 예수님의 '성육신'(Incanation)을 목회현장에서 실현해야 한다(요 1:14; 마 20:28; 딤전 1:15; 히 4:15).

목회자는 성도 한 사람 한 사람의 출생, 세례, 신앙 양육, 결혼, 임직, 질병과 고통, 성공과 시련, 죽음과 장례 등 생애의 '전 과정'(whole life)을 돌보아야 한다. 따라서 목회는 '신학의 종합예술'이라 할 수 있다. 그래서 성경은 목회자를 일컬어 '교사, 선지자, 목자, 감독, 군사, 일꾼, 종, 어머니, 아버지, 목사…'라고 부른다.

목회자 한 사람이 이토록 많은 역할을 감당하기 때문에 항상 긴장하고 애타지 않을 수 없다(고후 11:28~29, 12:15; 고전 2:3). 그러면서도 목회자의 길은 과분할 정도로 감격스럽고 보람도 넘친다(롬 10:15; 딤전 1:12).

2부

목회관

한사람 한 영혼

　어떤 일이든 응당 그래야 하겠지만 목회자는 특히 '한 사람'의 소중함을 가슴 깊이 새겨야 한다. 한 사람의 가치를 금전적으로 결코 설명할 수 없다. 안타까운 사건이나 사고로 목숨을 잃었을 때 보상금이라는 말로 일반화시켜 사용하는데 한 사람의 생명을 돈으로 보상할 수 있는가?

　공산주의나 편향된 사회주의는 사람을 하나의 '물질'로 보기 때문에 사람 목숨을 빼앗는 것을 예사로 한다. 사람을 죽이고도 죄책감을 느끼지 않는다. 그런데 자유민주주의 사회에서도 생명 경시 사상이 이제 우려할 수준으로 나타나고 있다. 유아살해, 취중살해 그리고 자살이 빈번하게 발생하고 있다.

　성경은 '한 사람'이 온 천하보다 소중하다고 선언한다(막 8:36~37). 만유의 주인이신 하나님께서 '사람'을 창조하셨다. 하나님의 성품과 인격을 닮은 최고의 존재로 창조됐다. 그러므로 하나님이 사람의 생명의 주인이시다(시 139:13; 롬 11:36).

　아담의 범죄 이후 사악한 일들이 너무 많지만 가장 사악한 짓은 '사람을 죽이는 행위'이다. 이 행위는 생명의 주인 되시는 창조주 하나님께 정면으로 도전하는 패륜이다. 사람이 아름답고 소중한 것은 그 속에 '영혼'이 들어 있기 때문이다. 하나님께서 창조하신 피조물 중에 오직 사람만이 영혼을 갖고 있다(창 2:7; 전 12:7; 마 10:28; 행 7:59).

목회가 무엇인가? 사람을 '살리는 것'이다. 사람을 살린다니 무슨 말인가? 하나님께서 창조하신 첫 사람 아담은 우리 조상이다(창 1:26~28, 2:7). 아담은 이성 곧 판단력과 자유로운 의지를 부여받았다. 이를 가리켜 '자유로운 인격자 즉 자유인'이라고 부른다. 이것 때문에 인간을 하나님을 닮은 존재 즉 '하나님의 형상'이라고 한다. 그러나 인간은 이 자유의지를 가지고 하나님의 기대와는 정반대되는 길을 선택하고 말았다. 사탄의 유혹을 선택하고(창 3:6), 죄를 선택했다(약 1:15). 그 결과 아담의 기대(창 3:4~5)와는 달리 비참한 죽음이 찾아 왔다(창 2:16~17; 롬 6:23a) 그리고 이 죽음은 아담의 후손된 모든 인류에게도 예외 없이 전염됐다(롬 3:10, 23; 히 9:27).

이렇게 사망 선고를 받고 사망해버린 사람이 어떻게 살아날 수 있단 말인가? 그 실마리는 하나님의 속성(성품)에서 찾아야 한다. 하나님의 성품에서 가장 근간을 차지하고 있는 것은 '사랑'이다(요일 4:8~10, 16, 19). 하나님의 이 사랑이 우리 인생을 다시 살렸다. 이 사랑은 예수 그리스도를 통해 우리에게 나타나고 다가왔다(요 3:16; 요일 3:16, 4:9~10; 롬 5:6, 8, 10, 3:24~26, 5:15, 19). 그러므로 목회는 예수 그리스도께서 이미 '친히 온몸으로' 다 보여주셨다(요 1:29; 딤전 1:15). 예수님께서 사람의 몸을 입으시고 이 땅에 오사(성육신) '보여주시고 행하신' 그 모든 것이 목회였다(요 1:14; 히 4:15; 마 20:28; 빌 2:6~8).

예수님의 목회에서 깊이 주목하고 발견해야 할 점은 '한 사람 한 영혼에 대한' 예수님의 세밀한 관심과 보살핌이다. 잃어버린 한 사람, 양(羊) 우리 밖으로 버려지고 잊혀버린 한 사람, 따돌림 당하여 떠돌아다니는 한 영혼, 사람들의 눈에 지극히 작고 이름도 없는 한 사람, 악한 자들에게 노략거리가 되고 들짐승의 밥이 되는 영혼, 쫓기며 상(傷)한 자, 오랫동안 먹지 못해 파리해져 가는 사람을 살려내신 분이 우리 주님이시다 (눅 19:10; 요 10:10, 16).

하나님께서 이 일을 우리에게 맡기셨다. 우리는 이 일에 내 인생을 드리겠노라고 부르심을 받은 자들이다. 목회 여정에서 우리는 '많은 사람, 큰 사람, 화려한 인물'을 선호하고 주목했다(마 11:8; 약 2:1~6). 이것은 큰 죄다. 이 죄를 회개하자. 모든 사람은 똑같이 소중하다. 한 사람 한 사람이 우주다.

2019년 시작된 코로나-펜데믹으로 수백 수천 명이 모여 예배하던 예배당에 십여 명만 앉아 있다. 한 사람 한 영혼이 얼마나 귀하고 소중한지를 목회자들이 절감했다.

성도들이 찾는 목회자

17세기 영국교회가 한창 어려울 때 청교도 지도자로서 진리의 투사, 올곧은 목회자, 깊이 있는 학자였던 리챠드 백스터는 교회 침체의 원인을 목회자의 잘못에서 찾고 '참 목자의 정체성'이 무엇인가를 역설했다. 그는 '참 목자상'(The Reformed Paster)이라는 책에서 이렇게 외쳤다.

"목회자 여러분은 다른 사람에게 멸망되지 않도록 각성을 촉구할 때 여러분 자신도 멸망되지 않도록 주의하십시오. 양떼들의 먹을 것을 준비하면서 여러분 자신은 먹을 것(성경, 말씀)이 없어 굶어 죽지 않도록 조심하십시오.… 하나님과의 교제가 빈약한 은혜 없는 설교자는 이 세상에서 가장 불쌍한 피조물입니다.… 다른 사람에게 설교하기 전에 자기 자신에게 먼저 설교해야 합니다."

백스터로부터 4백여 년이 지난 오늘, 조국 교회 목회자들에게도 그의 호소와 경고는 뇌성벽력처럼 아프게 들려온다. 성도들은 드러내놓지는 않지만 신실하고 진실한 목회자를 찾고 있다. 이는 예수님께서 이미 말씀하신 바다. 양은 약하고 어리석어 보이지만 선한 목자와 거짓 목사(삯꾼)를 분간할 줄 안다(요 10:4~5, 14). 선한 목자를 기쁘게 따르지만 삯꾼 목자에 대해서는 두려워하고 돌아선다.

성도들이 찾는 목회자는 결국 성경이 제시하는 '선한 목자, 참 목자'이다. 참 목자는 성도를 '온전하게 하여' 봉사의 일을 하게 하며 그리스도의 몸을 세우려고(교회를 건강하게 세우려고) 헌신적으로 나설 수 있게 한다(엡 4:11~12). 참 목자는 말씀으로 각 사람을 권하고 모든 지혜로 잘 가르쳐 그리스도 안에서 온전한 자로 세운다. 그리고 성령의 능력을 힘입어 힘을 다해 목양한다(골 1:28~29).

목회자는 망령되고 허탄한 신화를 버리고 경건에 이르기를 끊임없이 훈련해야 한다. 경건이야말로 범사에 유익할 뿐 아니라 금생과 내생에 약속이 있는 아름다운 선물이다(딤전 4:6~9). 참 목자는 말과 행실과 사랑과 믿음과 정절에 있어서 마땅히 양떼들의 모범이 되어야 한다. 특히 성경을 읽는 것과 권하는 것과 가르치는 것에 전념해야 한다(딤전 4:11~12).

목회자는 목사 안수를 해 준 노회의 지도와 가르침을 계속하여 잘 받으면서 자신의 발전과 성숙을 위하여 전심전력해야 한다(딤전 4:14~16). 목회자는 사람들의 칭찬이나 명성을 얻는 것에 신경 쓰지 말고 살아계신 하나님께만 소망을 두어야 한다(딤전 4:10). 그러면서 강하고 담대해야 한다(딤후 2:1; 행 23:11, 18:9~10). 고난을 두려워하지 말아야 한다(딤후 1:8, 2:3; 행 14:22, 20:22~24, 21:13).

참 목자는 무엇보다 '진리의 말씀을 옳게 분별하며 부끄러울 것이 없는 일꾼으로 인정된 자'로 자신을 하나님 앞에 드리기를 힘써야 한다(딤후 2:15). 청년의 정욕을 피하고 신실한 동역자들과 뜻을 함께 나누면서 의와 믿음과 사랑과 화평을 추구해야 한다(딤후 2:22). 어리석고 무식한 말싸움은 아예 버려라. 모든 성도에게 온유하며 가르치기를 잘하며 끝없이 참아야 한다(딤후 2:24).

목회자는 성도들이 고달픈 삶을 살고 있음을 잊지 말아야 한다. 우리 주님께서도 몸소 가난한 자, 낮은 자의 모습으로 '인생의 고달픈 삶'을 겪으셨다. 베들레헴과 이집트 피난살이 그리고 나사렛 땅에서 무려 30여 년 체험하셨다는 사실을 늘 기억해야 한다(히 4:15). 목회자는 성도들과 함께 아파하고 함께 울어줄 수 있어야 한다(막 6:34; 요 11:35; 눅 19:41~44; 히 5:7).

목회자는 성도들의 마음속에 예수 그리스도의 형상(Image)이 확실하게 자리를 잡고 성도 한 사람 한 사람이 예수 그리스도의 정결한 신부로 온전하게 단장되도록 혼신의 힘을 다해야 한다(고후 11:2; 잠 27:23; 갈 4:19). 참 목자는 양떼가 안전하게 먹고 마시고 편안하게 쉬도록 자신의 전부를 헌신적으로 던진다(시 23:1~5; 눅 15:4, 8; 요 10:11~13; 고후 11:23~29; 딤후 4:6).

밤이 어두워질수록 하늘의 별빛은 더욱 빛난다. 신령한 세계에 관하여 사람들의 관심이 없어지고 있다. 사람들은 '육신의 정욕과 안목의 정욕과 이생의 자랑'이라는 세상의 가치에 함몰되고 있다. '이 같은 세태에 목회가 가능할까?'라는 회의감이 들 수 있다. 그러나 주님은 여전히 우리를 독려하신다.

"³⁵너희 눈을 들어 밭을 보라. 희어져 추수하게 되었도다. ³⁶거두는 자가 이미 삯도 받고 영생에 이르는 열매를 모으나니 이는 뿌리는 자와 거두는 자가 함께 즐거워하게 하려 함이라"(요 4:35~36).

백스터 목사는 그의 책 '참 목자상'에서 계속 말한다.

"우리 목회자들은 태만하고 모순된 자신을 부인하고 분연히 일어나서 우리에게 맡겨진 (목양의) 임무를 잘 감당해야 한다. 추수할 것은 많고 (참된) 일꾼은 적다. 무위도식하며 싸움만 일삼으며 (복음의 사역을) 방해하는 사람(목회자)이 많다. 사람의 영혼은 너무나 귀하다. 죄인들의 (결과와) 그 불행은 대단히 비참하다. 교회의 아름다움과 영광은 그 시대의 (유일한) 희망이다. 사람들을 목양하는 기쁨은 상상할 수 없이 크다."

세상이 어두워지고 때가 악해질수록 성도들은 더욱 참된 목회자를 찾고 있다.

목회자와 자기 시대를
바라보는 눈

일제강점기와 해방정국 그리고 한국전쟁이라는 형언할 수 없는 참상과 고통을 겪어야 했던 한국교회와 목회자는 어떤 눈으로 시대를 바라보고 해석을 해야 하는지! 그리고 그 해석을 어떻게 설교에서 적절하게 담아야 하는지! 이는 외면할 수 없고 피할 수 없는 목회적 사안이다.

게다가 우리 한반도는 여전히 남과 북으로 분단되어 있고 북쪽은 교회가 폐쇄된 채 신앙의 자유가 완전히 차단되어 있다. 한국교회와 목회자는 매우 특별한 땅에서 다른 나라 교회들이 이해할 수 없는 갈등과 아픔을 안고 있다.

예레미야와 바울에게서 보듯이 목회자는 영적 영역뿐 아니라 자기 시대를 직시하면서 반응할 수 있어야 한다. 목회자는 자기 시대를 어떤 눈으로 바라보아야 하는가?

첫 번째는 '제사장적 시각'이다

제사장은 축복하고 대속하는 두 가지 큰 직무를 수행한다.

"²³아론과 그의 아들들에게 말하여 이르기를 너희는 이스라엘 자손을 위하여 이렇게 축복하여 이르되 ²⁴여호와는 네게 복을 주시고 너를 지키시기를 원하며 ²⁵여호와는 그의 얼굴을 네게 비추사 은혜 베푸시기를 원하며 ²⁶여호와는 그 얼굴을 네게로 향하여 드사 평강 주시기를 원하노라 할지니라 하라 ²⁷그들은 이같이 내 이름으로 이스라엘 자손에게 축복할지니 내가 그들에게 복을 주리라"(민 6:23~27).

목회자는 '축복하는 목회'를 하는 것이 맞다. "너희를 박해하는 자를 축복하라 축복하고 저주하지 말라"(롬 12:14). 때론 마음으로 내키지 않더라도 애써 의지적으로 축복하라. 축복하면 그 복이 자신에게로 돌아온다(마 10:12~13). 축복하는 목회를 하기 위해서는 늘 마음에 '평강과 너그러움'이 충만해야 한다(시 4:7~8; 빌 4:6~7). 내 마음을 스스로 지켜야 한다(잠 4:23, 23:7a).

신학생 시절(1970년대) 가나안 농군학교 김용기 장로님의 강의를 들은 적이 있다. 그 시대는 반공교육과 반공사상이 철저했다. 장로님은 "북의 김일성과 김정일을 저주하지 말고 '예수님 믿어 장로 되고 목사 되도록' 간절히 기도하자"라고 강조했다.

나는 큰 충격을 받았다. 그 시절에는 상상할 수 없는 발상이었다. 그 이후, 나는 '기다려주고 용서하고 축복하는 목회철학'을 지향해 왔다.

아울러 목회자는 공동체(교회, 백성(민족), 나라)의 실수와 허물과 죄를 비난하기보다 그것을 부둥켜안고 하나님께 나아가서 기도해야 한다(요 1:29; 마 20:28; 눅 23:34; 행 7:60). 제사장은 마치 자신이 범죄한 양,

그 죄의 책임을 자신이 송두리째 안고 가겠다는 각오로 공동체의 허물과 죄를 짊어지고 성소로, 지성소로 들어간다. 성경은 이를 연민, 긍휼의 마음이라 한다.

두 번째는 '왕적 시각'이다

인간은 타락한 존재이므로 왕들의 역사는 실로 기대 밖이다. 대부분 한심하고 실망스럽기가 그지없다. 하나님의 선민이라고 불리는 이스라엘 남북왕조를 합하면 40명 이상의 왕들이 있었지만 그런대로 괜찮은 왕은 '다윗, 아사, 여호사밧, 히스기야, 요시야'로 다섯 명 정도에 불과하다. 그러니 일반 세속 나라들은 더 논해본들 무엇하겠는가? 사람들은 왕이라고 하면 이 세상 나라들 위에 세워지거나 군림하는 왕을 생각한다.

성경은 하나님의 자녀인 그리스도인에게 '왕적인 자부심과 사명감'을 가지라고 한다. 그리스도인은 절대적이고 진정한 왕이신 하나님의 자녀들이다. 정신적으로, 영적으로 '왕의 자녀들'이다(요 1:12; 벧전 2:9).

하나님께서는 만왕의 왕이시요 만주의 주(主)시다. 만왕의 왕께서 우주를 창조해 놓으셨으니 왕의 자녀 된 우리는 이 우주(세상)를 다스리고 보존해야 한다(롬 11:36; 창 1:26~31).

자연보호, 자원절약 등은 그리스도인들이 앞장서야 함이 마땅하다. 낭비, 오염, 파괴행위를 극구 피해야 하고 최대한으로 막아야 한다(롬 8:19~23). 그리스도인은 착한 행실과 온유함으로 이 세상을 선하고 평화롭게 만들어가야 한다. 이것이 왕적인 자세요 사명이다.

세 번째는 '선지자적 시각'이다

현대 목회자들에게 다소 미흡하고 결여된 것이 바로 이 선지자적 시각이 아닐까? 에스겔 34장은 목자로서의 사명 의식을 망각한 채 자기 배만 불리는 타락한 목자들을 엄하게 경고하고 책망한다(겔 34:1~8). 사악한 들짐승(악한 권력자와 통치자)들에게 양떼(백성)를 지켜내는 목양의 정신(잠 27:33)은 찾아볼 수 없고 사악한 세력들과 야합하여 기름진 음식과 화려한 의복을 탐하고 있었다(겔 3:4).

오늘의 목회자들은 어떠한가? 교회는 이 시대 이 역사의 현장에 존재하고 있다. 교회는 영적인 영역은 말할 것 없고 이 세상에 대해서도 무한 책임을 갖고 있다.

주님께서 그리스도인들도 시민(국민)으로서 '세금'을 납부하라 하셨다(마 22:17~22; 롬 13:7). 세금을 납부하는 시민은 그 세금으로 국정 수행을 맡은 자들이 정직하고 합당하게 백성을 섬기고 돌보는지 감시하고 따질 수 있는 권리를 갖는다. 어쩌면 교회 특히 목회자가 아니면 이 중대한 역할을 제대로 감당할 사람을 찾아보기 어렵다. 목회자가 아니고서 그 누가 선지자적 시각과 용기를 갖고 그 시대 가진 자들의 힘의 남용과 폭주를 지적하면서 꾸짖을 수 있을까?

세례 요한의 선지자적 시각과 질타하는 모습을 보라(마 3:7~9; 눅 3:7~14; 마 14:1~5). 예수님은 사악한 폭군이 폭정을 자행할 때 그 위험한 현장을 떠나지 않고 그 악행을 분명하게 질타하셨다.

"³¹곧 그 때에 어떤 바리새인들이 나아와서 이르되 나가서 여기를 떠나소서 헤롯이 당신을 죽이고자 하나이다 ³²이르시되 너희는 가서 저 여우에게 이르되 오늘과 내일은 내가 귀신을 쫓아내며 병을 고치다가 제삼일에는 완전하여지리라 하라"(눅 13:31~32).

우리는 이 땅에서 '모든 경건과 단정한 중에 고요하고 평안한 생활'을 할 권리가 있다(딤전 2:2). 불의한 자들이나 사악한 세력이 이를 훼방할 때 목회자는 선지자의 정신으로 이를 꾸짖을 수 있어야 한다. 물론 제사장과 왕적 시각을 함께 가지고 자신의 시대를 주시하자.

목회자와 목양실

1969년 6월 1일 부산 동래에 위치한 동상교회 당회로부터 교육전도사로 임명받아 사역을 시작했다. 하나님의 은혜로 이후 52년의 교역사역을 잘 마무리하고 2020년 10월 25일 주일 사직동교회에서 정년은퇴했다. 강산이 무려 다섯 번이나 바뀌는 장거리 경주를 순항하고 종료했다. 이보다 더 큰 감사와 기쁨이 어디 있으랴!

나는 흔히 말하듯이 정말 '원도 한도 없이' 긴 세월을 충분히 목회했다. "은퇴해보지 않으면 우리 심정을 모른다"라던 선배 목회자들의 말을 예사로 여겼는데 나 또한 예외 없이 연약한 인생임을 여지없이 겪어야 했다.

은퇴한 다음 날부터 출근할 '목양실이 없다'라는 것을 각오는 하고 있었지만 실제 다가오는 심리적 충격은 매우 컸다. 심리적으로 공허감에 휩싸였다. '운동도 하고 여행도 하면 되지 않느냐?'라고 할 수 있겠지만 목양실이 없어졌다는 그 상실감(?)은 다른 무엇으로도 대체 불가능했다. 목회자에게 목양실은 최고의 보금자리다.

목양실을 갖춰라

대학에 교수연구실이 필수적이듯이 교회에는 목양실이 있어야 한다. 사정이 여의치 않더라도 최소한으로 소박한 목양실은 필요하다. 목양실에서 당회도 할 수 있으니 굳이 당회실을 따로 두지 말고 목양실 설치를 우선하라. 교회와 당회는 교회당 공간배치에 있어서 목양실이 최우선이 되어야 한다는 것에 공감할 수 있어야 한다. 목회자에게 목양실이 있는 것과 없는 것은 목회자가 목회에 임하는 마음가짐에 비교할 수 없는 격차를 만들어낸다.

목회자는 '목양실'(牧羊室)이라는 글자가 새겨져 있는 그곳을 쳐다볼 때마다 그리고 그곳을 출입할 때마다 온몸으로 엄숙한 사명감을 느끼게 된다. 위임받은 교회, 책임 맡은 양떼들을 떠올리게 되면서 목양하는 목회자로서의 자기 정체성(Pastoral Identity) 속으로 깊이 파묻히게 된다(잠 27:23).

목양실에 도서를 비치할 때 결코 장식용으로 하지 말고 그때마다 꼭 필요한 좋은 도서를 단행본으로 구입하라. 여유 공간이 있으면 방문객을 맞이하는 소파형을 피하고 언제라도 회의나 성경공부를 할 수 있는 '강의용 탁자와 의자'를 설치하는 것이 실용적이다.

목양실에서 살아라

목회자들이 경험으로 공감하는 점은 다양한 일들로 몸과 마음이 지나치게 바쁘다는 사실이다. 그 바쁘다는 것이 반드시 해야 할 일이고 의미가 있는 일이라면 무방하겠지만 지나고 보면 꼭 그렇지 않은 경우도 많다. 그러다 보니 목회자에게 절대적으로 필요한 규칙적인 성경공부와 설교 준비, 지속적인 개인기도 시간 그리고 깊이 있는 사색과 영적 묵상의 시간이 매우 부족해지는 위험을 피할 수 없게 된다.

예수님께서는 일반 신자인 베다니의 마리아에게 '말씀을 사모하고 말씀을 듣고 배우는 것을 우선하는 신앙생활 자세'를 옳다 하시고 크게 칭찬까지 하셨다(눅 10:39, 42). 반면에 '너무 많은 일로 마음이 분산돼 바쁘고 염려와 근심이 많은' 언니 마르다에게는 안타까워하셨다(눅 10:40~41).

목양실에서 대부분 시간을 보내자. 목양실이 개인적으로 깊이 기도하는 골방이 되고 말씀(성경)을 끝없이 공부하고 묵상하는 책방이 되게 하자. 이 두 가지가 몸에 익숙해질 때까지 목양실을 떠나지 말라. 목양실이 가장 즐겁고 행복한 공간이 되게 하자. 언약궤와 등대(촛대)가 비치된 지성소와 성소의 의미를 목양실에서 경험할 수 있도록 하자.

새벽기도회 이후 누구의 간섭도 받지 않고 조용히 오전의 시간(5시~11시)을 온전히 목양실에서 보낼 수 있도록 하자. 그리고 이 좋은 습관을 담임 목회를 시작할 때부터 훈련한다면 당신의 목회는 그 깊이와 저력이 엄청나게 강해질 것이다(마 24:45).

목양실을 잘 관리하라

목양실은 연구실이요 책방이다. 목회자가 목양하는 양떼(성도)들은 세상으로 흩어져서 하나님께서 맡기시는 다양한 직업과 일들을 통해 각자의 사명을 감당하고 있다. 따라서 목회자는 세상의 다양한 삶의 현장에 대하여 무관심해서는 안 된다. 목회자가 '성경박사'라 불릴 만큼 성경을 끊임없이 공부해야 하는 것은 두말할 필요가 없다(사 50:4). 그렇다고 목양실에는 성경만 비치되어 있어야 할까? 목양실의 책장에는 삶의 다양한 분야를 공부할 수 있도록 관련 서적들이 비치돼 있어야 한다. 성경도 자연과 인생, 삶의 다양한 분야를 다룬다.

시편, 잠언, 전도서, 아가서, 욥기, 애가는 시가서(詩歌書)로 불리므로 목회자는 문학과 예술 서적도 읽어야 한다. 시편 8편을 읽어보라. "해와 달과 별들을 내가 보오니…" 천체의 아름다움과 신비로움을 노래하고 있는데 목회자가 어찌 과학과 우주의 신비로움을 공부하고 싶지 않겠는가!

시편 65편과 104편에는 비와 바람과 햇볕과 산림과 목축, 농사의 은총들이 가슴 뭉클하게 묘사되고 있다. 그러므로 목회자는 틈틈이 시와 수필과 자연의 은총들을 읽으면서 감탄할 수 있어야 하겠다.

양떼들이 배부르면서 행복해할 수 있는 원천은 목회자가 목양실을 얼마나 사랑하느냐에 달려 있다.

목회자와 나라사랑

성경에 보면 선지자들의 국가관은 대체적으로 어둡고 비관적이다. 그것은 국가 지도자들 역시 인류의 조상 아담의 후손으로서 '죄성과 그로 인한 한계'를 벗어날 수 없는 연약성 때문일 것이다. 죄성으로 얼룩지고 일그러진 인간의 양심은 공동체로부터 위임된 막강한 힘(권력)을 선하고 올바르게 사용하기에 그 용량이 너무나 협소하고 빈약했다. 그러니 그 거대한 권력은 공동체뿐 아니라 종국에는 권력자 자신마저 망가뜨려 버리는 무서운 흉기가 됐다.

이스라엘 왕조시대의 역사를 조망하면 그런대로 선정을 베푼 왕은 '다윗, 솔로몬, 아사, 여호사밧, 히스기야, 요시야'에 지나지 않는다. 그래서 선지자들은 대체로 왕을 향해 비판적이었다. 경고와 책망이 잦았다. 때로는 강한 어조로 심판과 징벌을 경고하고 통첩을 보냈다. 그래서 양자 사이가 불편하고 긴장 관계가 형성됐다.

왕은 백성들을 잘 보살피고 평온하게 살도록 하는데 힘을 쏟지 않고 권력을 사유화하고 함부로 남용했다. 그로 인해 백성들의 생활이 비참

해졌으며 나라 곳곳에서 백성들의 원성이 그치지 않았다.

선지자들은 이 현상을 묵과할 수 없었다. 입을 다문다면 더는 선지자가 아니다. 선지자들이 강경한 태도로 부패한 권력자들을 향해 질타하는 것은 그들의 성향이 강해서가 아니라 하나님께서 그들의 입에 말씀을 담아주면 외치는 자들이었기 때문이다. 그 결과 선지자들의 언행이 때로 권력자들의 심기를 거슬려 옥고를 치르거나 심지어 '죽임'까지 당했다.

신약성경을 살펴보면 세례 요한 역시 구약시대 선지자들과 크게 다르지 않았다. 세례 요한 역시 권력자들이 자신들의 정체성을 망각하고 무책임하게 권력을 휘두르고 망상과 방종에 빠질 때 엄히 질책하기를 주저하지 않았다.

오늘날 교회와 목회자들이 지닌 '국가관'은 정당한가? '성경은 어떻게 말하고 있는가?'를 공부하는 것이 중요하다. 특정 그룹의 눈치를 의식해서 아예 언급하지 않거나, 목회자 자신의 취향이나 견해를 주입시키려고 끈질기게 설득하는 것은 문제가 있다. 항상 '성경이 무엇이라고 말하고 있는가?'에 주목해야 한다.

구약성경은 하나님이 선택한 이스라엘이라는 특별한 민족(나라)을 향한 말씀이라는 전제가 있지만 모든 시대 모든 나라에 적용해도 크게 무리가 아닐 것이다. 성경에서 하나님 종의 처신을 찾아보자.

출애굽기 11장 1~10절
모세는 이집트의 통치자 파라오가 폭력과 학대 정책을 멈추지 아니하므로 전능하신 하나님의 '경고와 심판'을 분명하게 전달했다.

사무엘상 12장 23절

사무엘 선지자는 나라와 백성을 위해 '기도하기'를 쉬지 않겠다고 선포했다. 그리고 사울 왕의 경솔함과 일탈을 책망했다(삼상 15:22~29).

사무엘하 12장 1~15절

나단 선지자는 다윗 왕이 도덕적, 윤리적으로 중한 죄를 범했을 때 직접 왕을 찾아가서 강력하게 그 죄를 지적하고 질책했다. 정말 따끔하게!

열왕기상 18~19장

엘리야 선지자는 아합 왕과 왕비 이세벨 부부가 공모하여 하나님을 대적하고 백성을 고통 속으로 몰아넣는 악행에 대해 살해의 위협을 당하면서도 끝까지 경고하고 책망했다.

역대하 22장 10절~23장 21절

모전여전이라는 말처럼 남쪽 유다 왕국으로 시집온 아달랴는 북이스라엘의 부모 아합과 이세벨을 빼닮았다. 어머니 이세벨 못지않게 포악과 학정을 일삼았다. 제사장 여호야다는 성전 근위대를 치밀하게 준비시켜 잔인함의 극치를 끝없이 치닫던 태후 아달랴를 여지없이 정리했다.

역대하 24장 15~22절

여호야다의 개혁으로 희망의 기치가 유다 왕국에 내렸다. 그러나 요아스 왕이 우상숭배를 만연시키고 간신배들의 감언이설과 농간에 휘둘리면서 국정은 나락으로 떨어졌다. 그래서 여호야다의 아들 제사장 스가랴가 왕을 향하여 "너희가 여호와를 버렸으므로 여호와께서도 너희를 버리셨느니라"(20절)고 경고하고 왕의 미움을 사서 죽임을 당했다.

마태복음 14장 1~12절

세례 요한은 타락한 권력자 헤롯 안티파스와 그의 세력들의 범죄행위에 대해 '이 독사의 자식들아'라고 질책했다(3:7).

누가복음 13장 31~35절

예수님께서는 의인마저도 예사로 살해하려는 헤롯 안티파스 왕을 향해 '저 여우'라고 지칭하면서 엄중경고하셨다. 그러면서 예루살렘이 앞으로 겪을 참화를 내다보시면서 몹시 슬퍼하셨다.

로마서 13장 1~7절, 디모데전서 2장 1~2절

바울 사도는 그리스도인들 특히 목회자들이 나라와 백성들뿐 아니라 통치자들을 위해 기도를 많이 해주라고 강조한다. 저들이 선정(善政)을 베풀 수 있도록!

목회자와 물질관

우리 사회는 일확천금을 노리는 사악한 정치인과 관료 때문에 그 악취가 진동하고 있다. 이들이 부정부패로 갈취한 천문학적인 불로소득을 환수시킬 뿐 아니라 추가 벌금을 부과함이 마땅하다.

사람을 평가하거나 판단할 때 가장 확실한 방법 하나가 그 사람의 물질관을 보면 알 수 있다. 요한 웨슬레가 "돈 지갑이 거듭나야 그 사람은 거듭난 그리스도인이다"라고 말한 것은 매우 타당한 주장이다.

중세 유럽 전역에서 동시다발적으로 '종교개혁 운동'이 일어난 배경에도 돈문제가 깔려있다. 중세시대 로마교황을 중심으로 교황청은 유난히 돈 문제가 시끄러웠다.

당대 뛰어난 신학자로 에라스무스(화란, 1466~1536)가 있다. 그는 사제가 되고자 신학교를 졸업했다. 하지만 온갖 탐욕으로 얼룩져가는 교황청의 부패를 보면서 성직자가 되기를 포기했다. 그리고 시대를 염려하여 비판하는 학자의 길로 나섰다. 그는 대표작 '우신예찬'(1511)을 통해 특히 당시 성직자들의 만연한 일탈을 이렇게 일갈한다.

"저들은 성직을 돈버는 수단으로 생각한다. 그리스도를 닮으려는 데는 흥미가 없다. 설교도 엉터리로 한다. 군주(귀족)의 흉내를 잘 내고 양떼 보살피는 것은 그리스도께 맡긴다. 그리스도와 성경에 다가가기보다 돈과 권력을 추구한다.… 요즘 교황은 가장 어려운 일들을 베드로와 바울에게 맡기고 호화로운 의식과 즐거운 소일거리만 찾는다. 우신(愚神 Maria) 덕분에 우아한 생활을 하고 있다. 왜냐하면 연극이나 다름없는 화려한 교회 의식을 통해 축복이나 저주의 말을 하면서 충분히 그리스도에게 충성한다고 생각한다."

500년 전의 중세 로마교회의 민낯이 종교개혁자들의 후손이라고 자부하는 오늘날 한국교회 목회자들의 실상과 무슨 차이가 있는가?

성경에서 살펴보자. 발람 선지자는 돈(재물)의 유혹에 이리저리 끌려다니다가 마침내 타고 다니는 나귀에게 책망과 비웃음을 당하는 참으로 보기 드문 장면을 연출한다.

로마 총독 벨릭스(Felix)는 로마 황제가 유대 통치자로 파송한 고위 관료임에도 바울을 재판하면서 아쉬워했다. '저 자가 나사렛 예수의 복음을 전파한다는 죄목으로 동족들로부터 고소를 당해 지금 이렇게 재판을 받고 있지만 나의 판단으로는 범법자가 결코 아니다. 저 자가 내게 뒷돈을 쥐여준다면 지금 당장 풀어줄 수도 있는데…'

그렇게 아쉬워하며 어정쩡하게 2년 동안이나 바울을 구류해 둔다. 가난한 전도자 바울에게 뇌물을 기대하는 로마 총독 벨릭스의 처사는 대로마제국의 위신과 품위를 한껏 추락시켰다. 인간이 돈(재물)을 얼마나 사랑하는지를 보여주는 전형적인 예라 하겠다(행 24:24~27).

구약성경에서 불의한 재물을 탐하다가 인생을 망친 선지자로서 발람이 대표적 인물이라면 가룟 유다는 신약성경의 대표적인 인물이다. 그는 예수 그리스도의 총애를 받은 자였다. 그는 하나님의 아들 예수 그리스도와 3년 동안 함께 살면서 직접 보고 배울 수 있는 최고의 특혜를 입었던 자가 아니던가! 성경은 가룟 유다가 스스로 저지른 희대의 참담한 비극을 이렇게 기록한다.

"[17]이 사람은 본래 우리 수 가운데 참여하여 이 직무의 한 부분을 맡았던 자라 [18]이 사람이 '불의의 삯'으로 밭을 사고 후에 몸이 곤두박질하여 배가 터져 창자가 다 흘러 나온지라 [19]이 일이 예루살렘에 사는 모든 사람에게 알려져 그들의 말로는 그 밭을 아겔다마라 하니 이는 피밭이라는 뜻이라 [20]시편에 기록하였으되 그의 거처를 황폐하게 하시며 거기 거하는 자가 없게 하소서 하였고 또 일렀으되 그의 직분을 타인이 취하게 하소서 하였도다"(행 1:17~20).

선지자가 더러운 재물을 탐하는 일이 얼마나 부끄러운 처신인지를 재차 강조하려는 듯 베드로후서 2장 15~16절, 유다서 1장 11절에서도 발람의 탐욕 사건을 아주 적나라하게 묘사하고 있다.

예수님께서는 우리에게 당부하신다. "사람이 하나님과 재물을 겸하여 섬길 수 없다. 나는 머리 둘 곳도 없다. 너희 전도자들은 전대에 금이나 은이나 동을 가지지 말고 여행을 위하여 배낭이나 두벌 옷이나 신이

나 지팡이를 가지지 말라. 이는 일꾼이 자기의 먹을 것을 받는 것이 마땅함이라"(마 6:24, 8:20, 10:10).

목회자의 전형(典型)인 바울 사도는 이렇게 고백한다

"[33]내가 아무의 은이나 금이나 의복을 탐하지 아니하였고 [34]여러분이 아는 바와 같이 이 손으로 나와 내 동행들이 쓰는 것을 충당하여 [35]범사에 여러분에게 모본을 보여준 바와 같이 수고하여 약한 사람들을 돕고 또 주 예수께서 친히 말씀하신 바 주는 것이 받는 것보다 복이 있다 하심을 기억하여야 할지니라"(행 20:33~35).

그리고 이렇게도 당부한다

"[6]그러나 자족하는 마음이 있으면 경건은 큰 이익이 되느니라 [7]우리가 세상에 아무 것도 가지고 온 것이 없으매 또한 아무 것도 가지고 가지 못하리니 [8]우리가 먹을 것과 입을 것이 있은즉 족한 줄로 알 것이니라"(딤전 6:6~8).

교회의 지도자가 되려면 물질관에 있어 항상 깨끗하게 처신해야 한다. 이것이 성경의 일관된 가르침이다(딤전 3:8; 딛 1:7; 벧전 5:2). 목회자가 물질 문제 하나만 정직하게 처신한다면 성도들은 그 목회자를 신뢰하면서 그의 가르침을 기쁘게 따를 것이다.

3부
목회자의 자질

목회자여,
내공을 길러라!

이 세상을 살아갈 때 모든 사람에게 내공이 필요하지만 목회자에게 는 더 많은 내공이 필요하다. 목회자는 기본적으로 착해야 한다. 하지만 착한 것만으로는 목회 현장을 감당할 수 없다. 우리 모두는 아담의 후손 으로 근본적으로 죄인이기 때문이다. 곡식은 일 년만 인내하면 열매를 맺는다. 하지만 사람의 개성은 다양해서 그리스도의 제자로 훈련하기 위해서는 참으로 많은 인내와 희생을 지불해야 한다.

목회자는 어떤 경우에서도 인내할 수 있어야 한다. 아무리 억울한 일 이 있어도 교회와 양떼를 위해 희생해야 한다(요 10:11; 행 20:28). 목회 자에게 내공이 필요한 것은 사람들은 태어나면서 부터 죄성을 가졌을 뿐 아니라(롬 7:24; 창 6:5; 롬 3:10~12), 사나운 이리떼들의 목회현장을 훼방하기 위해 설치고 있기 때문이다(행 20:29~30). 따라서 목회자는 양떼를 목양하기 위해서 끝없이 인내하면서 희생하는 부모의 마음을 가져야 한다(살전 2:7, 11).

그뿐만 아니라 목회자는 목회현장을 수시로 공습해오는 사탄과 그의 하수인들의 사악한 악행에서 양떼를 안전하게 지키기 위해 강인한 용기로 영적 전투를 마다하지 않아야 한다. 이를 위해 평소에 내공을 깊고 두텁게 쌓아야 한다(딤후 1:8, 2:15, 3:5, 4:5).

하나님께서는 하나님의 사람들을 쓰기 전에 훈련을 철저히 시키신다. 애굽 궁중에서 왕자로 자란 모세를 출애굽의 리더로 쓰기 위해 미디안 광야로 내몰아 40년을 연단시키셨다. 여호수아는 모세 밑에서 40년간 훈련을 받았으므로 내공이 충분히 쌓였다. 그럼에도 하나님께서는 여호수아에게 '내공이 쌓였다'라는 확신을 주시려고 강력한 격려의 말씀을 주신다.

"⁶너희는 강하고 담대하라 두려워하지 말라 그들 앞에서 떨지 말라 이는 네 하나님 여호와 그가 너와 함께 가시며 결코 너를 떠나지 아니하시며 버리지 아니하실 것임이라 하고 ⁷모세가 여호수아를 불러 온 이스라엘의 목전에서 그에게 이르되 너는 강하고 담대하라 너는 이 백성을 거느리고 여호와께서 그들의 조상에게 주리라고 맹세하신 땅에 들어가서 그들에게 그 땅을 차지하게 하라 ⁸그리하면 여호와 그가 네 앞에서 가시며 너와 함께 하사 너를 떠나지 아니하시며 버리지 아니하시리니 너는 두려워하지 말라 놀라지 말라"(신 31:6~8).

여기서 그치지 않는다. 하나님께서는 그러한 여호수아에게 끊임없이 격려와 용기를 불어넣어 주심으로 내공을 강화시켜 주셨다(수 1:5~9, 5:13~15).

다윗은 어떠한가? 다윗이야말로 성경의 인물 중에서 내공이 두드러진 사람이다. 어린 나이에 양떼를 곰이나 사자로부터 지켜냈다. 어린 소년에게 어떻게 그런 단단한 내공이 있었는가? 그 내공은 군인으로 징집될 나이가 아닌 청소년임에도 불구하고 블레셋의 거인 골리앗 장군과 맞서 싸우는 용기로 나타났다. 그 뒤 사울 왕의 집요한 살해의 위협에 쫓기면서도 왕을 증오하거나 복수하지 않고 그 고통을 극복해냈다. 다윗의 그 놀라운 내공은 어떻게 쌓인 것일까? 시편이 그 비밀을 알려준다(23:1, 37:7, 62:5, 18:29, 56:11).

모세도, 다윗도, 엘리야도 우리와 성정(性情)이 같은 사람이다. 모세도 "내가 이 백성을 낳았습니까? 젖 먹여 길렀습니까? 왜 내게 맡겨 힘들게 합니까?"라고 절규했다. 다윗도 고통을 토로하기를 "내가 아프고 심히 구부러졌으며 종일토록 슬픔 중에 다닙니다. 피곤하고 심히 상하며 마음이 불안하여 신음합니다. 내 심장이 뛰고 내 기력이 쇠하여 내 눈의 빛도 나를 떠납니다. 사랑하는 자와 친구들이 내 상처를 멀리하고 내 친척들도 멀리 떨어집니다. 나는 듣지 못하는 자 같아서 내 입에는 반박할 말이 없나이다. 내 원수가 활발하며 강하고 부당하게 나를 미워하는 자가 많습니다"(시 38편). 그러면서도 온갖 난관을 견뎌내면서 사명을 감당해낼 수 있었던 것은 두 사람 다 내공이 탄탄했기 때문이다.

내공이란 '훈련과 경험을 통해 안으로 쌓인 실력과 그 기운'을 일컫는다. 모세와 다윗을 보면 끊임없는 훈련과 연단 그리고 경험을 통하여 자연스럽게 내공이 쌓였다. 하나님께서 사람을 쓰시고자 하는데 그 사람이 내공이 쌓이지 않았으면 직접 개입하셔서 내공이 쌓이도록 특별 훈련을 시키신다(신 32:11).

바울이 대표적인 인물이다. 하나님은 출세의 길을 달리고 있던 그를 초대교회의 일꾼으로 쓰시고자 긴급하게 부르시어 특수훈련을 시키셨다. 다메섹 도상의 부르심, 시력 상실, 유대인들의 살해 위협 그리고 아라비아 광야와 고향 다소 등지에서 13년여 '고독과 상실감'을 견뎌내야 하는 훈련 등을 통해 내공을 쌓이게 하셨다. 그 결과 30여 년의 전도와 목회의 험난한 여정에서 초인적인 모습으로 사명을 감당했다.

'바울의 목회학'이라 할 수 있는 말씀(행 20:17~38; 고후 11:1~33; 4:7~15; 고전 4:9~13)을 보라! 하나님의 각별하신 위로와 보증이 있었다(행 18:9~10, 19:21, 23:11). 그리고 탄탄한 내공이 있었다. 그래서 오늘의 목회자들이 상상할 수 없는 악조건 속에서도 목회현장을 뚫고 나갈 수 있었다.

목회는 착하다고만 되지 않는다. 반드시 내공을 길러야 한다. 내공이 두껍게 쌓여야 한다. 비교적 좋은 환경 속에서(딤후 1:3~5) 자라난 디모데에게 스승 바울은 강하게 내공 쌓기 훈련을 시켰다(딤후 2:1~4).

목회자여,
역지사지하라!

사람은 누구나 자기중심적으로 판단하고 말하기 좋아한다. 우리 조상 아담이 그러했다. 그리고 아담의 그 죄성이 우리에게 유전됐다. 부부 사이였던 아담과 하와의 범죄로 말미암아 낙원이던 에덴동산은 기쁨이 사라진 실낙원으로 추락했다. 그러므로 에덴동산 관리를 책임진 아담은 하나님께서 크게 슬퍼하실 것이라고 깨달아야 했다. 그리고 즉시 부끄러워하고 회개해야 마땅했다. 하지만 아담은 오히려 자기를 범죄로 끌어들인 아내를 비난하고 하와를 배필로 안겨주신 하나님을 원망했다. 자신의 잘못과 책임은 전혀 보이지 않았다.

아담의 이 모습이 후손된 우리가 그대로 안고 있는 한계다. 아담의 한계는 자기중심적인 사고에 묶여 있다. 창조주의 입장과 심정에서 보았으면 감히 하나님께 변명과 원망과 책임을 돌리는(창 3:12) 무례를 범하지 않았으리라! 남편의 변명을 지켜보던 하와 역시 하나님의 마음을 헤아려 볼 생각조차 하지 않고 똑같이 행동했다(창 3:13). 그리고 그들의 후손인 우리 역시 '역지사지' 할 줄을 모른다. 지극히 자기중심적이 되어 다른 사람을 쉽게 판단하면서 비난한다.

창세기 13장 13~18절을 보라. 어느 날 하나님께서 아브라함을 언덕으로 데리고 가서 "동서남북을 바라보라" 하신다. 그때부터 아브라함은 넓은 마음, 깊은 사고의 소유자가 됐다. 하나님의 마음을 헤아려 보려고 노력했다. 조카 롯이 때론 백부의 은혜를 모르고 자기 잇속만 챙기려고 할 때도 이해하고 너그럽게 기다려주었다.

하나님께서는 역지사지할 줄 아는 아브라함이 무척 마음에 들었다. 인류 역사에서 하나님께서 한 사람의 이름을 직접 거명하시면서 "너는 나의 벗이다"라는 크나큰 후대를 베푼 유일한 사람이 아브라함이다(사 41:8; 약 2:23). 그렇다면 역지사지할 줄 아는 사람은 큰 사람이다. 하나님께서 이런 사람에게 많은 영혼을 맡기신다.

어느 날 새벽, 기도회가 끝나고 개인 기도를 하고 있는데 하나님께서 내 마음에 특이한 감동을 주셨다. "애야, 역지사지의 심정으로 장로들을 생각해 보거라. 그들은 묵묵히 교회를 섬기며 최선을 다해 너의 목회를 돕고 있지 않느냐? 오늘날 목회자들에게 필요한 것은 '역지사지의 정신' 이다. 특히 장로들을 바라볼 때 역지사지의 마음을 가지거라. 애야, 네가 목사가 아닌 '장로'라고 가정해 보거라. 너는 지금 네 교회의 장로들이 하는 만큼 봉사, 헌신할 수 있을 것 같으냐?"

나는 그날 새벽 강단에서 큰 충격과 감동을 동시에 받았다. 대체적으로 은혜롭게 또는 무난하게 긴 세월 당회와 함께 교회를 잘 섬기면서 이끌어왔다고 생각했는데, 하나님께서 느닷없이 이런 말씀을 하실까? 잠시 후 마음속에서 깨달음이 일어나기 시작했다. 당회원들의 얼굴 하나

하나가 떠오르는데 그렇게 귀하고 아름다울 수가 없었다. 내가 '장로'로 교회를 섬긴다면 헌신적으로 10년, 20년 심지어 30년 동안 변함없이 충성하고 있겠는가? 장로인 내 눈에 담임목사의 목회가 마음에 만족스럽게 생각되겠는가? 담임목사의 행정력과 영적지도력이 나무랄 것 없다고 좋게 느끼고 있겠는가? 특히 담임목사의 '설교'에 언제나 만족해하면서 은혜를 잘 받고 있겠는가? 솔직히 시원스럽게 "예"라고 대답할 수 없었다.

내가 목회자가 아니고 장로가 되었다면 제법 까다로운 당회원이었을 것이다. 내가 섬기는 교회 담임목사는 나 때문에 상당히 힘들어 할 것이라는 생각이 밀려들면서 얼굴이 화끈거리기 시작했다. 그 다음 순간 내 마음속에서 우리 당회원 한 사람 한 사람이 이전보다 더 소중하고 사랑스럽고 고맙게 다가오기 시작하는 것이다.

그날 이후로 목회가 참으로 행복했다. 매사를 이전보다 더 신경 써서 '역지사지의 마음'으로 당회를 이끌고 교회를 섬겼다. 성령님께서 기뻐하시면서 더 많이 도와주시므로 하루하루 은혜가 충만했다. 성도들도 이전보다 더 신령한 기쁨이 넘치면서 행복해하는 모습이 확연하게 눈에 보였다(롬 14:17; 습 3:17; 요 15:11).

은퇴하고 보니, 길고 긴 목회의 여정을 잘 마칠 수 있었던 것은 내가 많이 수고하거나 목회를 잘해서가 아니라 당회원들과 성도들의 과분한 사랑과 도움 그리고 기다리며 기도해준 결과였다. 그래서 기회가 주어지는 대로 당회원들과 성도들 한 분 한 분을 경치 좋은 곳으로 초대하여 소박한 음식을 대접하면서 소회(所懷)를 나누며 고마움을 표하고 싶다

(갈 4:12~14; 롬 16:3~4).

　후배 목회자들과 간혹 자리를 함께하다 보면 목회현장의 고충을 듣게 된다. 사람인지라 목회의 어려움에 대하여 누군가에게 책임을 돌리고 싶어 하는 경우를 본다. 그런 경우도 있을 것이다. 그러나 나는 동역자들에게 '역지사지의 정신'으로 목회할 것을 간곡히 설득하곤 한다. 하이패밀리 대표 송길원 목사의 책 '숲속의 잠자는 마을'에 이런 내용이 있다.

　"우리 청란교회 강대상에는 '들을 귀 있는 자는 들으라'(막 4:23)는 문구가 새겨져 있다. 그동안 나는 목사로서 설교했고 그들은 성도로서 들었다. 그런데(알고 보면) 성도들은 행함으로 설교하고 내가 듣고 있었다.… 강대상이 내게 말없이 웃고 있었다."

　목회자들이 자신의 함정에 간혹 빠지는 이유가 무엇인가? 강단에서 쉼 없이 설교하고 많이 가르치기만 하다 보니 자신은 '완벽한 인간'인 줄로 착각하기 때문이다. 그러니 때론 역지사지하고 인지상정할 줄도 알아야 한다. 이것이 없을 때(마 11:17; 롬 12:15) 강단에서의 외침은 공허한 울림으로 끝나버리고 만다(마 23:3~7, 13, 15; 약 3:1~2).

　예수님은 역지사지하시는 구세주가 되시고자 친히 '한 사람'으로 우리 곁에 와 주셨다(요 1:14; 딤전 1:15; 히 4:15). 그리고 역지사지하는 목회를 가장 잘 보여준 인간 목회자는 단연코 바울 사도였다(고전 4:9~13; 고후 4:8~9, 11:23~24; 빌 4:11~12). 목회자여, 역지사지 하시라.

목회자여,
자기감정을 잘 다스리라!

성경은 목회뿐 아니라 신앙생활, 사회생활, 인간관계 등 전 분야에서 성공의 주요비결이 '자기감정(마음) 다스리기'에 달려 있음을 강조한다.

"모든 지킬 만한 것 중에 더욱 네 마음을 지키라 생명의 근원이 이에서 남이니라"(잠 4:23).

"유순한 대답은 분노를 쉬게 하여도 과격한 말은 노를 격동하느니라"(잠 15:1).

"노하기를 더디하는 자는 용사보다 낫고 자기의 마음을 다스리는 자는 성을 빼앗는 자보다 나으니라"(잠 16:32).

"마른 떡 한 조각만 있고도 화목하는 것이 제육이 집에 가득하고도 다투는 것보다 나으니라"(잠 17:1).

"자기의 마음을 제어하지 아니하는 자는 성읍이 무너지고 성벽이 없는 것과 같으니라"(잠 25:28).

"분을 내어도 죄를 짓지 말며 해가 지도록 분을 품지 말고"(엡 4:26).

"사람이 성내는 것이 하나님의 의를 이루지 못함이라"(약 1:20).

"시기와 다툼이 있는 곳에는 혼란과 모든 악한 일이 있음이라 오직 위로부터 난 지혜는 첫째 성결하고 다음에 화평하고 관용하고 양순하며 긍휼과 선한 열매가 가득하고 편견과 거짓이 없나니 화평하게 하는 자들은 화평으로 심어 의의 열매를 거두느니라"(약 3:16~18).

땀과 눈물로 큰 성공을 이루고도 자기감정을 다스리지 못해 한순간에 무너지는 안타까운 사례는 목회도 예외가 아니다. 참으로 안타깝다.

어떤 목회자는 은혜스러워야 할 교회 직분자 임직식에서 마이크가 제대로 안 된다고 화가 나서 마이크를 뽑아 찬양대쪽으로 던져버렸다. 사고가 날뻔한 아찔한 순간이었다. 그날 임직식은 시종 어색하고 냉랭했다. 임직 위원으로 그 현장을 지켜본 나는 이튿날 새벽 강단에서 "주님, 아무리 화가 나더라도 마이크를 집어 던지는 우를 범하지 않도록 제목회 끝나는 날까지 지켜주소서"라고 간절히 기도했다.

지금은 세상을 떠났으나 이름이 많이 알려진 서울의 모 목회자는 주일예배 설교시간에 찬양대원이 잡담을 계속하는 모습에 화가 너무 치밀어 마이크를 집어 던져버렸다. 안타깝게도 찬양대 대원이 맞아 이마가 찢어지고 피를 흘리는 불상사가 생겼다. 그 목회자는 결국 사임했다. 그 후 그 목회자는 하나님 앞에 철저히 회개한 뒤 말할 수 없는 고생을 하면서 교회를 개척하여 큰 목회를 했다는 내용을 그의 책을 통해 읽어본 기억이 있다.

목회의 여정에서 감정을 주체할 수 없을 만큼 답답하여 숨이 막힐 것 같은 힘든 순간들이 왜 없겠는가? 우리가 존경하는 목회자들도 틀림없이 힘들고 눈물 나는 목회의 순간들이 있었을 것이다. 최고의 목회자라고 할 수 있는 모세 역시 너무 고달프고 답답한 나머지 "하나님, 더 이상은 감당할 수 없습니다. 못 하겠습니다"라고 분노하고 역정을 내면서 지팡이로 바위를 내리치기까지 했다(민 11:4~15, 20:2~13, 14:1~3; 출 32:16, 19; 민 14:10; 신 9:15~18; 특히 민 11:10~12).

"[10]백성의 온 종족들이 각기 자기 장막 문에서 우는 것을 모세가 들으니라 이러므로 여호와의 진노가 심히 크고 모세도 기뻐하지 아니하여 [11]모세가 여호와께 여짜오되 어찌하여 주께서 종을 괴롭게 하시나이까 어찌하여 내게 주의 목전에서 은혜를 입게 아니하시고 이 모든 백성을 내게 맡기사 내가 그 짐을 지게 하시나이까 [12]이 모든 백성을 내가 배었나이까 내가 그들을 낳았나이까 어찌 주께서 내게 양육하는 아버지가 젖 먹는 아이를 품듯 그들을 품에 품고 주께서 그들의 열조에게 맹세하신 땅으로 가라 하시나이까"(민 11:10~12).

위대한 목회자인 바울 사도 역시 목회의 현장에서 답답하여 눈물을 흘렸다.

"내가 여러 번 너희에게 말하였거니와 이제도 눈물을 흘리며 말하노니 여러 사람들이 그리스도의 십자가의 원수로 행하느니라"(빌 3:18).

그럼에도 불구하고 목회자는 자기 마음을 다스려야 한다. 모세와 바울을 보라! 그들도 우리와 성정(性情)이 같은 사람인지라 참아낼 수 없는 한계 상황에서는 화도 내고 절규도 했으나 이내 자기감정을 추스르면서 양떼를 품고 보호하면서 양육했다(출 32:32; 살전 2:7, 11, 17, 19~20).

하나님은 지금도 이 같은 목회자를 찾으시고, 이런 목회자에게 자기 피로 세우신 교회와 양떼를 맡기고 싶어 하신다(행 20:28; 대하 16:9).

어떻게 하면 자기감정을 잘 다스릴 수 있겠는가? '내 마음 넓히기 운동'을 지속적으로 노력하자. 성경은 직설적으로 이 원리를 강조한다.

"¹¹고린도인들이여 너희를 향하여 우리의 입이 열리고 우리의 마음이 넓어졌으니 ¹²너희가 우리 안에서 좁아진 것이 아니라 오직 너희 심정에서 좁아진 것이니라 ¹³내가 자녀에게 말하듯 하노니 보답하는 것으로 너희도 마음을 넓히라"(고후 6:11~13).

사람들의 감정은 타고난 것이니 교육이나 훈련으로 조절하기 어렵다고 한다. 과연 그런가? 적절한 말이 있다. "생각하면 말이 나오고, 말을 하다 보면 행동을 하게 되고, 행동을 반복하다 보면 습관이 되고, 좋은 습관이 쌓이다 보면 그 사람의 인격이 된다." 목회자들은 이 경구를 깊이 주목하고 묵상하면서 도전해야 한다.

일본의 사례(事例)다. 2차대전에서 큰 전투를 계속 치르다가 심한 충격을 받고 전후에 거의 폐인이 되어 항상 짜증과 원망과 불평과 분노를 쏟으면서 죽음만을 기다리던 자가 매일 "감사합니다"라고 수천 번을 외치기 시작했는데 일 년도 안 되어 몸과 마음이 환하게 회복되었다고 한다.

사도 바울은 "너희도 마음을 넓히라"(고후 6:13)고 했다. 목회자들은 특히 아브라함처럼 언덕에 올라가서 하나님이 창조하신 동서남북을 바라보면서, 다윗처럼 산을 향해 눈을 들면서, 고린도인들처럼 푸르고 넓은 (지중해) 바다를 바라보면서 '마음 넓히기 운동'을 지속하자. 그리고 하나님께서 솔로몬에게 '바다같이 넓은 마음'을 주셨듯이 나에게도 넓은 마음을 부어달라고 기도하자(왕상 4:29).

내 형편을 잘 알고 계시는 '하나님을 인격적으로 신뢰'하자

"왜 내게 굳센 믿음과 또 복음 주셔서 내 맘이 항상 편한지 난 알 수 없도다 내가 믿고 또 의지함은 내 모든 형편 아시는 주님 늘 보호해 주실 것을 나는 확실히 아네"(찬송가 310장 2절).

이 가사뿐 아니라 성경은 의지적으로 뜻을 품고 인격적으로 하나님을 믿고(trust), 의지하라(depend)고 힘주어 말한다.

"내가 주를 의뢰하고 적군을 향해 달리며 내 하나님을 의지하고 담을 뛰어넘나이다"(시 18:29).

젊은 히브리 청년들은 자신들의 의지를 다지고 하나님을 신뢰하므로 느부갓네살 왕의 위협을 겁없이 넘어설 수 있었다(단 3:15~18, 6:10). 사울 왕이 3천 명의 왕실 정예군대를 풀어 다윗을 살해하려고 10여 년 지속적으로 위협하고 괴롭혔다. 그러나 다윗은 평정심을 유지하면서 자기 마음을 지켰다. 그럴 수 있었던 것은(삼상 24:8~15) 그가 인격적으로 하나님을 믿고 신뢰했기 때문이다(삼상 24:15, 17:37, 45~47).

수없이 극한 상황을 겪으면서도 마음을 잘 다스려 하나님의 일을 그르치지 아니한 다윗의 평상심(平常心), 평정심(平靜心)을 보자! 우리는 한계성을 가진 연약한 존재다. 하지만 하나님은 살아계시고 창조주시며 주권자시고 그리스도 안에서 나의 아버지가 되심을 믿고 의지할 때(요 13:1, 14:18; 롬 8:15~17) 마음의 여유와 담대함으로 감정이 몰라보게 다스려지게 되는 것을 느끼게 된다.

세상 사람 중에서도 자기 마음을 잘 다스려 후세에 존경을 받는 큰 인물들이 있다. 퇴계 이황은 '心如萬古靑山 行如萬里長江'(심여만고청산 행여만리장강 - 마음은 영원히 그 푸르름을 간직한 산과 같아야 하며 행동은 기나긴 길을 유유히 흐르는 장강과 같아야 한다)이라는 정신으로 살았다. 실로 자기 마음을 잘 다스렸던 큰 선생이 됐다. 하물며 생명의 복음을 배우고 전하는 목회자들이랴!

목회자여,
겸손함을 잃지 마시라!

뛰어난 야구 감독 중 한 사람인 김경문 감독은 국가대표 야구팀을 이끌고 올림픽에 나가 우승을 거머쥐었다. 그는 일약 유명인사가 됐다. 기자들이 몰려와서 그의 성공과 치적을 대서특필하며 칭찬을 쏟아부을 때, 김 감독은 차분히 말했다. "사람은 허명(vain reputation)에 빠지는 순간 몰락합니다."

일반사회의 스포츠 지도자에게서 이런 겸손의 경구를 듣는 것은 놀라우면서도 참 기분 좋은 일이다. 그런데 성경은 오히려 교회 지도자들이 겸손할 줄 모르고 자만에 빠질 위험이 크다고 경고한다. "나는 선생(지도자)이다. 그러므로 가르치기만 하면 되지, 나를 향해 가르침이나 충고, 조언, 권면은 필요 없다"(마 23:4~12; 고전 9:18~27; 약 3:1, 2).

선생이나 지도자(특히 교회 지도자)는 이런 위험한 자기 사고에 갇힐 수 있다. 무서운 교만이다. 그래서 야고보서에는 선생된 목회자가 더 큰 심판을 받을 가능성이 아주 크다고 경고한다(약 3:1). 교회 지도자가 겸손할 줄 모르고 계속하여 교만으로 빠져들면 독주로 치닫다가 심지어

'이단'으로 전락할 수 있다. 그러니 영적 교만은 참으로 무서운 독이다.

바울 사도가 평생 붙잡은 말씀이리라. "우리가 이 보배를 질그릇에 가졌으니 이는 심히 큰 능력은 하나님께 있고 우리에게 있지 아니함을 알게 하려 함이라"(고후 4:7). 자신을 질그릇 같은 존재라고 늘 인식했다. 이 고백은 로마서 9장 20절로 연결되고, 고린도전서 15장 8절과 고린도후서 12장 7~9절 그리고 고린도전서 15장 10절로 연결된다.

은혜받은 증거, 하나님께 붙들려 쓰임 받는 사람의 공통된 증거는 '겸손'이다. 이런 사람들은 자신의 실상과 실체를 정확하게 알기 때문에(고전 15:31; 딤전 1:15; 엡 3:8; 고전 15:9) 결코 교만할 수 없다는 것을 알고 있다.

베드로 역시 연륜이 쌓이고 신앙이 깊어질수록 더욱 머리를 숙이고 자신을 낮춘다.

"그런즉 하나님이 우리가 주 예수 그리스도를 믿을 때에 주신 것과 같은 선물을 그들에게도 주셨으니 내가 누구이기에 하나님을 능히 막겠느냐 하더라"(행 11:17).

베드로는 초대교회 동료들과 교회에서 자연스럽게 대표 지도자로 공인받았다(행 15:2, 4, 7). 그러나 그는 매사에 신중하고 조심스러웠다. 지도자라고 해서 나서기 좋아하거나 어떤 문제를 쉽게 결정해버리는 우를 범하지 않으려고 매우 조심한다(행 15:10). 그리고 교회의 젊은 사람들이나 지도자들에게 겸손하고 또 겸손하라고 간곡하게 권면한다(벧전 5:3, 5~6).

어느 시대를 막론하고 우리 인생들은 유명인사, 뛰어난 사람이 되기를 원한다(창 3:5, 11:4; 삼하 15:6; 단 3:1, 6, 4:28~30; 행 12:23). 이 욕망은 일찍이 사탄이 하나님의 권위와 보좌를 탐하다가 자멸을 자초한 교만이요, 시한폭탄이었다. '빨리 망하고 싶거든 교만 하라'는 말이 있다. 무서운 말이다. 광명의 천사로 아름다웠던 루시퍼는 경거망동하면서 교만한 결과 진노를 받아 망하고 말았다(마 25:41; 계 20:7~10).

신학자 폴 틸리케는 "나는 인간들의 우상이 되기보다 하나님의 눈이 주시하시는 한 마리의 벌레로 살기를 원한다"라고 고백했다. 하나님이 창조하신 '피조물'임을 평생 잊지 말자. 피조물은 철저히 조물주(Creator)에 의존해야 한다. 자연만물은 오히려 창조주의 창조 섭리와 질서를 잘 따르고 있다(시 8:3, 6~8; 마 5:45; 롬 1:20; 행 14:17; 눅 19:40).

하나님의 형상을 닮은 최고의 피조물로 지음 받은 인간은 오히려 겸손하기보다 교만으로 쉽게 빠져든다. 인간 스스로가 지혜롭다고 자부하지만 알고 보면 어리석고 미련하기 짝이 없다. 겸손해야 살 수 있다. 겸손할수록 하나님의 은혜와 사랑을 더 받을 수 있음에도(대하 16:9; 미 6:6~8; 약 4:6; 벧전 5:5) 교만하기를 좋아하다가 끝내 무너지고 망한다(잠 16:18; 시편 49:20).

겸손해야 하는 이유는 무엇인가? 피조물로서 마땅한 일이요 은혜받은 자로서 자연스러운 열매이기도 하지만 겸손할 때 하나님은 그 사람에게 은혜와 복을 주셔서 영광을 받으신다.

하나님께서는 겸손한 자를 찾아내어 사용하신다

하나님은 교만한 자를 사용하지 않으신다. 하나님 나라의 법칙은 겸손한 사람만이 쓰임을 받는다(롬 11:36; 마 21:16; 눅 18:17; 계 4:9~11). 교만한 사람은 하나님의 나라에서 쓸모가 없다. 교만한 사람은 예수님에게 아주 거북스럽고 불편하다(마 11:28~30).

하나님께서는 겸손한 사람에게 능력을 주신다

사탄이 아직 공중권세를 어느 정도 잡고 있다. 그리고 이 세상(인간들)이 너무 악하므로 능력 없이는 하나님의 일을 할 수 없다(고전 4:20; 빌 4:13; 막 9:29).

사도 바울을 보라. 그는 예수님을 만나기 전까지는 너무나 잘난 사람이었다. 다메섹 도상에서 예수님을 만나는 극적인 경험을 했지만 아직은 충분히 겸손하지 않았다. 따라서 하나님께서는 극도로 찌르는 가시를 주어서라도 바울을 겸손하게 만드셨으며, 그 후에 하나님의 도구로 사용하셨다(고후 11:6~10).

겸손할 때 사람들이 신뢰하고 따른다

우리에게는 아담의 후손으로서 교만하려는 성향이 본성적으로 내재되어 있다. 그러면서도 다른 사람의 교만함은 싫어하고 겸손한 사람 곁으로 모여든다. 사울 왕은 자신의 교만함으로 자기 아들 요나단 뿐 아니라 수많은 인재가 떠났다. 하지만 겸손한 다윗에게는 사방에서 유력한 자들과 가난한 자들을 망라하여 모여들었다(삼상 22:1~2, 23:13; 삼하

17:15~16, 27~29).

하나님은 겸손한 사람은 끝까지 책임져 주신다

한때는 교만했지만 잘못을 회개하고 겸손한 자세를 취할 때 하나님께서는 그 모습을 보시면서 긍휼을 베풀어 주신다. 삼손이 그러하고 (삿 16:28~30) 심지어 아합 왕도 말년에 하나님의 긍휼을 입는다(왕상 21:27~29).

목회자여,
삼사일언하시오

영국 런던 하이드파크(공원)에 있는 '열두 제자 나무'는 관광명소가 됐다. 누가 시키지도 않았는데 사람들은 가룟 유다 명패가 붙어있는 나무를 향해 비난하고 욕설을 내뱉고 심지어 발로 툭툭 차기까지 했다. 그 나무는 얼마 안 돼 시름시름 앓다가 죽어버렸다고 한다.

'말의 힘'은 이토록 강하다. 좋게 말하면 죽어가던 사람이 살아나고, 비난하면 멀쩡하던 사람도 상처를 입고 심지어 앓아누울 수도 있다.

어느 대기업에서 발행하는 월간지에서 읽은 글이다. 언쟁 끝에 남편이 아내에게 "입 닥쳐!"라고 고함질렀다. 충격받은 아내는 실어증에 걸렸는데 말을 다시 찾기까지 20년이 걸렸다는 믿기지 않는 사연이었다.

하나님께서 '말씀으로' 세상을 창조하셨다. 성자 예수님의 다른 이름이 '말씀'이다(요 1:1~4, 14). 무엇보다 말은 '소통'의 수단이다. 하나님은 말(말씀)로써 인간과 소통하시고 우리도 말(기도)로써 하나님과 교통한다. 사람과 사람 사이도 말로써 소통한다. 말은 하나님께서 인간에게 내려주신 최고의 선물이다. 그런데 문제는 말 통제하기가 쉽지 않다.

"구부러진 말을 네 입에서 버리며 비뚤어진 말을 네 입술에서 멀리 하라"(잠 4:24).

"악을 행하는 자는 사악한 입술이 하는 말을 잘 듣고 거짓말을 하는 자는 악한 혀가 하는 말에 귀를 기울이느니라"(잠 17:4).

"다툼을 멀리하는 것이 사람에게 영광이거늘 미련한 자마다 다툼을 일으키느니라"(잠 20:3).

"네가 말이 조급한 사람을 보느냐 그보다 미련한 자에게 오히려 희망이 있느니라"(잠 29:20).

사도 야고보는 선생된 자(특히 목회자)의 가장 큰 숙제가 '언어 훈련'(통제)이라고 밝힌다. 선생된 목회자는 더 큰 심판을 받는다. 말 때문에 파급되는 불상사가 많고 크기 때문에 가급적 선생(목회자)이 되지 말라고 한다. 교회 안에서 특히 목회현장에서 가장 빈번한 실수는 '말'로 인한 것이다. 말실수를 줄이거나 통제할 수 있다면 그는 온전한 사람 즉 성숙한 인격자이다. 언어(말) 관리를 성숙하게 잘한다면 그는 자신의 전 인격을 잘 관리하는 온전한 사람이다.

사람이 말(馬)의 입에 재갈을 물리면 말(馬) 전체가 제어된다. 넓은 바다로 나아가는 배도 사공이 작은 키 하나로써 조절할 수 있는 것처럼 사람은 자기 말(言)로써 결정도 하고 행동도 한다. 혀(舌)는 작은 지체지만 온몸을 좌지우지한다. 작은 불씨 하나가 많은 나무와 큰 산까지 불태워 버릴 수 있듯이 한 사람의 부주의한 말 한마디가 공동체를 뒤흔들 수 있고 여러 사람을 죽음으로 몰아갈 수도 있다. 여간 조심하고 깊이 생각하지 아니하면 혀는 온몸을 더럽히고 삶 전체를 파괴할 수 있다.

하나님의 말씀과 성령님의 도움 없이는 혀를 길들이기가 너무 어렵고 자칫 방심하다가는 쉬지 아니하는 악이요 독이 가득한 화살(총구) 역할을 할 수 있다. 야고보서에서 가장 경계하고 탄식하는 것은 하나의 입으로 주 아버지 하나님을 찬송하다가 다시 돌아서서 소중한 형제를 저주하는 모습이라고 한다. 하나의 입에서 찬송과 저주가 나온다니 우리 스스로 보기에도 너무나 민망한 현상 아닌가?

샘(spring)이 어찌 한 구멍으로 단물과 쓴물을 내겠는가? 독한 마음에서 밖으로 내뱉는 '시기와 다툼과 거짓말'은 결코 위에서 내려오는 것이 아니다. 다만 땅 위의 것이요 정욕적인 것이요 귀신에게 이용당하는 것인바 그 결과 극심한 혼란(chaos)과 사악한 파국을 초래한다.

목회자는 말을 많이 한다(약 3:1). 어떻게 하면 말실수를 줄이면서 덕을 세우고 은혜를 끼칠 수 있는가? 성경에 답이 있다.

삼사일언(三思一言)하라

"네가 말이 조급한 사람을 보느냐 그보다 미련한 자에게 오히려 희망이 있느니라"(잠 20:20). 말하기 전에 생각을 많이 하라. 지금 바로 내뱉어 버리고 싶은 말이 있더라도 숨을 고르면서 두 번 세 번 생각에 잠겨 보라. '아, 굳이 이 말을 안 해도 되겠구나! 지금 꼭 해야 할 말도 아니구나!' 이렇게 깨달은 뒤 '그 순간에 말을 하지 않은 것이 참 잘했구나'라고 고백 될 때가 많다. "말을 아끼는 자는 지식이 있고 성품이 냉철한 자는 명철하니라"(잠 17:27).

항상 민수기 14장 28절을 묵상하라

"그들에게 이르기를 여호와의 말씀에 내 삶을 두고 맹세하노라 너희 말이 내 귀에 들린 대로 내가 너희에게 행하리니"

"내가 너희에게 이르노니 사람이 무슨 무익한 말을 하든지 심판 날에 이에 대하여 심문을 받으리니"(마 12:36). 내 입에서 나오는 말 그대로 하나님께서 행하여(이루어) 주시겠다고 한다. 이 얼마나 두려운 말씀인가? 그리고 무슨 무익한 말, 쓸모없는 말, 허황된 말을 하면 그러한 말에 대해서는 반드시 하나님께서 심판하신다니 어찌 생각 없이 함부로 말할 것인가? 두렵다.

목회자가 '하지 말아야 할 말' 몇 가지가 있다

- '이제 목회 안 하겠습니다.' 참으로 경솔하고 무책임한 목회자이다.
- '내가 그런 목사로 보입니까?' 성도들은 목회자를 가볍게 보지 않는다.
- '이번 주일 설교 못 하겠습니다.' 이는 직무유기다.
- '장로(집사)님이 제게 그럴 수 있습니까?' 이는 자신을 절대화하는 발상에서 나오는 말이다.
- '내 목회에 간섭하지 마십시오.' 잠언 27장 17절, 전도서 4장 9~12절을 묵상해 보라.
- '그럼 지금 당장 사임하지요.' 누구 마음대로? 하나님이 부르시고 노회가 위임시켰는데!

이 여섯 가지 유형은 목회자가 정말 피해야 할 대표적인 '금기 사항'이다. 이런 말은 주워 담기도 어렵고 우리 문화에서는 관계가 파국으로 흘러가기 쉽다. 목회자는 살리는 말, 세워주는 말, 격려하고 회복시켜주는 말, 축복하는 말을 하는 사람이다.

"넘어지는 자를 말로 붙들어 주었고 무릎이 약한 자를 강하게 하였거늘"(욥 4:4).

"[22]여호와께서 모세에게 말씀하여 이르시되 [23] 아론과 그의 아들들에게 말하여 이르기를 너희는 이스라엘 자손을 위하여 이렇게 축복하여 이르되 [24]여호와는 네게 복을 주시고 너를 지키시기를 원하며 [25]여호와는 그의 얼굴을 네게 비추사 은혜 베푸시기를 원하며 [26]여호와는 그 얼굴을 네게로 향하여 드사 평강 주시기를 원하노라 할지니라 하라 [27]그들은 이같이 내 이름으로 이스라엘 자손에게 축복할지니 내가 그들에게 복을 주리라"(민 6:22~27).

"너희를 박해하는 자를 축복하라 축복하고 저주하지 말라"(롬 12:14).

"할 수 있거든 너희로서는 모든 사람과 더불어 화목하라"(롬 12:18).

심지어 성경은 목회자가 말을 하려면 '하나님의 말씀'을 하듯이 하라(벧전 4:11)고 한다. 성도들과 다투지 말고 어른스럽게 아량과 여유를 갖고 말하면서 목회를 해야 한다.

목회자와 자기 가족

신학생 시절 이렇게 배웠다. "목회자는 항상 설교 준비, 이사 갈 준비, 죽을 준비, 이 세 가지가 준비되어야 한다. 그래야 언제라도 바로 시행할 수 있게 된다."

지금 생각해 보면 다소 야박해 보이지만 원리상으로는 맞는 말이다. 이 가르침 속에 '가족에 대한 배려'는 거의 보이지 않는다. 과거 특히 한국교회 목회자들은 목회를 위해서는 가족의 희생은 당연하다고 여겼다. 가족을 더 많이 희생시킬수록 목회를 잘하는 것이고, 하나님께도 충성하는 것이라고 믿었다. 그런 주장에 성경 말씀은 더 큰 확신을 주었다.

"무릇 내게 오는 자가 자기 부모와 처자와 형제와 자매와 더욱이 자기 목숨까지 미워하지 아니하면 능히 내 제자가 되지 못하고"(눅 14:26).

그러나 성경은 또 다른 가르침도 있음을 간과하지 말고 조화와 균형을 이루어야 한다고 말한다.

"누구든지 자기 친족 특히 자기 가족을 돌보지 아니하면 믿음을 배반한 자요 불신자보다 더 악한 자니라"(딤전 5:8)

목회자가 자기 가족을 제대로 돌보지 않으면서 목회를 열심히 한다고 스스로 믿는다면 이것은 오해요, 착각이다. 다음 세대 목회자들은 이 점에 있어서 개화되고 잘 대처하고 있다. 성경을 보자.

고르반 사상에 대한 예수님의 책망과 해석(막 7:11)

인간에게는 야비한 죄성이 습관으로 자리 잡고 있다. 그중 하나가 '하나님께만 잘해드리면 부모에게는 다소 소홀해도 괜찮다'라는 것이다. 유대 사회에서 이 습관은 하나의 전통이 됐다. 심지어 하나님의 말씀보다 더 우위를 점했다. 목회자가 '나는 성도들을 양육하느라고 목회에 전념하고 있으므로 내 가족은 희생되는 것이 당연하다'라고 생각한다면 이는 고르반 사상이다.

누가복음 14장 26절의 해석과 적용

한국교회 초창기뿐 아니라 상당히 긴 세월 우리 목회자들은 이 구절을 '목회 원리'로 굳게 붙들어 왔다. 목회자는 자기 부모와 아내와 자녀를 미워해야 정말 좋은 목회자인가? 주님이 하신 이 말씀이 과연 그런 뜻인가? 그럼 "부모를 공경하라, 부모를 거역하는 자는 돌로 치라, … 자녀를 노엽게 하지 말고, 어린 자녀를 실족하게 하면 네가 바다에 떨어져 죽어라"는 성경은 어떻게 해석할 터인가? 그리스도의 제자로 나서는 그

길은 심히 지난한 길이라는 뜻이다.

디모데전서 5장 8절의 해석과 적용

앞의 누가복음 14장 26절을 마치 반전(反轉)시키는 듯하다. 우리는 이 두 구절을 얼마든지 조화롭게 이해하면서 적용할 수 있다. 핵심은 목회자에게 가족 역시 목양의 대상이며 돌보아야 할 소중한 양떼라는 점이다. 성도들을 돌보느라 자기 가족을 방치한다면 목회를 잘못하는 것이다. 예수님은 십자가 고통의 절정에서도 어머니 마리아를 챙기셨다(요 19:25~27).

마태복음 18장 6절, 10절, 14절 해석과 적용

주님은 어느 한 사람도 결코 가볍게 여기지 말라 하셨다. 그 한 사람 가운데 목회자의 가족도 포함된다. '등잔 밑이 어둡다'라는 말처럼 목회자의 사역현장에서 뜻밖에 자기 가족이 소외당할 수 있다. 우리 사회에서 널리 쓰이는 교훈 가운데 '수신제가'(修身齊家)라는 말이 있으며, 성경 디모데전서 3장 1절과 4절에서 교회의 영적 지도자는 자기 집을 잘 다스려야 한다고 강조한다.

목회여정에서 지켜보고 겪었던 사례를 나눠보고 싶다

신학생 시절 동급생 중에 목회자 아들이 있었다. 타고난 성품이 매우 선량했고 나이도 나와 동갑인지라 우리 둘은 금세 친구가 됐다. 평생 친구로 삼고 오래오래 우정을 나누고 싶었다. 그러나 그 친구는 대학과정을 채 마치지 못하고 천국으로 떠나버렸다. 평소 체력이 약해 힘들어하는 모습을 보이곤 했다.

나중에 알고 보니 목회자이신 아버지께서 복음 전도와 목회 사역에 헌신하시다 보니 가족의 희생이 너무 많았다. 그래서 내 친구는 성장 과정에서 건강을 많이 해칠 수밖에 없었다. 다른 사람들의 어려움을 도와주는 것 못지않게 자신의 가족을 돌보는 일에도 '합당한 책임'을 다해야 한다.

담임목회를 시작하여 열심히 설교하고 목회를 하는데 여자 집사 한 분이 자주 눈물을 흘리는 것이 내 눈에 띄어 선임 장로님께 무슨 사연이 있는지 여쭈어보았다.

부군(夫君)이 약국을 경영하는 약국장인데 저명한 목회자의 자제분이란다. 목회자의 아드님이니 당연히 신앙생활 잘하리라 믿고 선뜻 결혼했는데, 예배 참석을 아예 하지 않는다는 것이다. 그런 세월을 10여 년 이상 보내고 있으니 여자 집사님은 실망과 슬픔으로 예배 시간에 눈물 짓고 있다는 것이다.

저명한 대학의 약대를 졸업하고 나이도 나보다 훨씬 위인지라 무슨 설득을 할 수 있으랴마는 약국으로 방문했다. "목사님, 저를 설득하려고 하지 마십시오." 선제방어를 하므로 달리 길이 없었다. 그는 성장 과정에서 아버지께서 빈번하게 배척당하는 모습을 떠올리면서 교회와 주일 예배에서 점점 멀어지고 말았다.

물론 "뜻대로 되지 않는 것이 자식이다. 자식 가진 부모는 함부로 남의 집 자식 흉보지 말라"는 말도 있다. 성경에도 이 같은 안타까운 사례가 나온다. 실로의 제사장 엘리는 두 아들 홉니와 비느하스 양육에 실패했다. 성경은 두 아들을 '불량자'라고 부른다(삼상 2:12).

사무엘상 8장 1~5절을 보라! 저 아름다운 하나님의 사람 사무엘 선지자조차도 자기 아들들을 원하는 대로 양육하지 못했다. 사무엘마저도 혹시 이스라엘 건국 초기에 '선지자, 제사장, 사사'라는 삼중직을 맡아 사역에 여념이 없다 보니 '자녀 양육, 가족 목회'에 소홀할 수밖에 없지 않았겠냐고 이해를 하면서도 안타까운 마음을 지울 수 없다.

목회자가 꼭 지녀야 할
세 가지 덕성

예수 그리스도께서는 우리의 목자장이시다. 목회자들은 목자장 되시는 주 예수 그리스도의 인격을 먼저 배워야 한다. 기교나 능력보다 인격을 먼저 갖춰야 한다.

마태복음 5장에서는 '가난한 심령, 애통하는 마음, 온유한 마음, 의를 갈구하는 마음, 긍휼히 여기는 마음, 청결한 마음, 화평하게 하는 마음, 의를 위해 박해까지 받을 수 있는 마음.' 여덟 가지가 소개된다. 갈라디아서 5장에서는 '사랑, 희락, 화평, 오래 참음, 자비, 양선, 충성스러움, 온유함, 절제력' 아홉 가지 성품이 소개된다.

이를 가만히 묵상하다 보면 바로 우리의 목자장 되신 예수님이 갖고 계시는 성품들임을 알 수 있다. 이 성품들을 성도들에게 열심히 가르치고 설교하기 전에 목회자들이 먼저 배우고 갈구하여 갖추어야 마땅할 것이다.

산상보훈의 팔복과 성령의 열매 아홉 가지를 '세 가지 덕성'으로 정리해보자.

존중(respect)

"그러므로 무엇이든지 남에게 대접을 받고자 하는 대로 너희도 남을 대접하라 이것이 율법이요 선지자니라"(마 7:12). 이 말씀의 핵심은 '사람은 누구나 존중받고 싶어 한다'라는 것이다.

인간관계에서 오해와 갈등과 언쟁 심지어 '전쟁'까지 일어나는 이유는 무엇인가? '내가 저 사람으로부터 존중받지 못한다. 저 사람이 나를 존중하지 않고 무시한다.' 이것이 출발점이다.

예수님은 "네가 먼저 남을 대접하라. 남을 먼저 존중하라"고 가르치신다. 이 말씀이 참 좋다. 사람들의 본성과 상식을 완전히 뒤집으시는 예수님 특유의 발상이시다. 이렇게 하면 좋아하지 않을 사람이 없다. 다들 감동할 것이다.

예수님은 평범한 '한 사람'을 우주만큼 귀히 여기신다(막 8:36). 어린아이라도 동일한 '인격체'로 보시고 사랑하신다(눅 18:16~17). 예수님께서는 그 당시 이스라엘 사회에서 크게 소외되고 무시당하던 약자들인 맹인 바디매오, 수가 마을 여인, 여리고 성의 세무장 삭개오, 현장에서 잡힌 간음한 여인, 나병 환자들, 골고다의 한편 강도 등을 정죄하여 내치지 않으셨다. 주목하시고 궁휼히 여기사 회복시켜 주셨다(눅 19:10).

우리는 이 예수님을 주(主)로 모시고 믿는다고 고백한다. 때로 사람을 차별하고 함부로 대하면서 고통과 상처를 입히고 있지는 않는가?(약 2:1~9). 필자는 40년 동안 헤어져 지내던 고려측 형제들과 '통합논의'를 진행했다. 그때 고려측 형제들을 향해 '존중하는 마음'을 갖고 만났다. 그리스도 안에서 마땅한 자세라고 믿었다.

너그러움(tolerance)

"너희 관용을 모든 사람에게 알게 하라 주께서 가까우시니라"(빌 4:5). 목회자는 특히 '관용의 사람, 너그러운 사람'이어야 한다. 물론 우리 모두 아담의 자손이므로(롬 5:12) 특별히 너그러운 사람이 있겠는가? 하지만 "너희 관용을 모든 사람에게 알게 하라." 이 말씀은 목회자가 구비해야 할 주요한 덕성이 너그러움이어야 함을 강조하고 있다.

우리 목회자는 '모든 사람이 보고 느낄 수 있을 만큼' 관용의 사람이 되어야 한다. 쉽지는 않겠으나 이 또한 '말씀과 기도'로 갖추어 갈 수 있으리라(딤전 4:5).

우리 모두 너그러운 마음으로 살아가야 하겠지만 결코 쉬운 일이 아니다. 그래서 조금만 너그럽게 말하면 사람들은 엄청나게 감동을 받는다.

교육전도사 시절인 스무 살 어느 날, 예배당 건축을 앞두고 교회 강단에서 담임목사님과 같이 기도하던 중 잠이 든 내가 잠결에 강대상을 발로 차버렸던 모양이다. 강대상이 강단 아래 바닥으로 넘어져 떨어졌다. 나는 말씀 전하는 신성한(!) 강대상을 발로 차서 넘어뜨렸으니 송구스러워 어쩔 줄 몰라 했다. 그때 목사님의 딱 한 말씀, "허허, 젊은 청년이라 한창이다."

예수님은 범죄 한 여인을 향해 "나도 너를 정죄하지 아니하노니"(요 8:11)라고 하셨다. 또한 "그 부모가 대답하여 이르되 이 사람이 우리 아들인 것과 맹인으로 난 것을 아나이다"(요 9:20).

그 맹인 청년의 부모는 이유 없이 비난과 공격을 당하면서도 맞서 시비하지 않고 아주 의연하게 반응한다. 목회자들도 이런 상황을 만날 때

이 정도로 너그럽게 반응하고 그치자. '부드러운 혀'는 상대의 뼈를 꺾을 수 있다(잠 25:15, 15:1, 20:3). 다윗이 사울 왕을 향해 보여준 너그러움을 끊임없이 배우자(삼상 26:17~21; 시 109:4).

겸손(humility)

"젊은 자들아 이와 같이 장로들에게 순종하고 다 서로 겸손으로 허리를 동이라 하나님은 교만한 자를 대적하시되 겸손한 자들에게는 은혜를 주시느니라"(벧전 5:5).

목회자들의 대선배 베드로 사도는 예수님을 3년 동안 따르면서 배운 것이 참 많았으리라. 세월이 지나 육신의 장막을 벗게 될 날이 임박하면서 베드로 사도가 우리에게 꼭 들려주고 싶었던 것이 목회자의 '겸손'이었다. 실로 베드로전서 5장 5절의 말씀은 목회자가 특히 깊이 새겨야 할 덕성(virtue)이다.

우리 예수님께서는 자신의 성품을 '온유와 겸손'이라고 말씀하셨다(마 11:29). 겸손은 온유와 함께 간다. 목회자의 성품(덕성)이 '겸손과 온유'로 가득 차 있다면 더 말해 무엇하리오?

하나님께서는 지금도 겸손한 목회자를 찾고 계신다(미 6:8). 겸손한 자에게 은혜와 능력을 주신다(약 4:6; 벧전 5:5). 겸손한 목회자는 능력을 갖춰도 교만하지 않는다(고후 12:7~10).

분명한 것은 하나님께서는 물론이고 사람(양떼)들도 – 혹 자신은 겸손하지 않을지라도 – 겸손한 목회자를 신뢰하고 따른다는 것이다.

목회자와 친구
그리고 우정

인생 여정에 친구가 있음은 크나큰 축복이고 즐거움이다. 어릴 때 어머니는 나에게 '친구 따라 강남 간다. 부모 팔아 친구 산다'라는 옛말을 일러주곤 하셨다.

나는 이해가 되지 않고 의아스러웠다. '어떻게 알 수 없는 곳으로 친구를 따라 간단 말인가? 더구나 어떻게 부모를 팔아서 그 돈으로 친구를 산다는 말인가?' 물론 차차 크면서 이해했지만 그만큼 친구가 소중하단 뜻이다. 무엇과도 비교할 수 없는 소중한 부모님도 때가 되면 우리 곁을 떠나가신다. 그러나 친구는 여전히 우리 곁에 있으니 친구가 소중하다는 의미였다. 인생길에서 특히 목회의 여정에서도 친구와 그 우정은 꼭 필요하고 너무나 소중한 것임을 성경도 보여주고 있다.

친구는 모든 것을 함께 한다

"가르침을 받는 자는 말씀을 가르치는 자와 모든 좋은 것을 함께 하라"(갈 6:6). 모든 좋은 것을 함께 할 수 있으면 참 친구다.

"⁹두 사람이 한 사람보다 나음은 그들이 수고함으로 좋은 상을 얻을 것임이라 ¹⁰혹시 그들이 넘어지면 하나가 그 동무를 붙들어 일으키려니와 홀로 있어 넘어지고 붙들어 일으킬 자가 없는 자에게는 화가 있으리라 ¹¹또 두 사람이 함께 누우면 따뜻하거니와 ¹²한 사람이면 어찌 따뜻하랴 한 사람이면 패하겠거니와 두 사람이면 맞설 수 있나니 세 겹줄은 쉽게 끊어지지 아니하느니라"(전 4:9~12).

이 구절은 친구의 의미를 깊이 공감하게 해 주는 말씀이다. 혼자 넘어질 수 있는 것이 인생이다. 그럴 때 손잡아 일으켜주는 친구가 없다면 너무 딱하다. 인생을 잘못 산 것이 아닐까? 예수님은 제자들을 '나의 친구'라고 불러주시면서 "세상 끝날까지 함께 하마!"라고 약속해 주셨다.

성경에 보면 모세 곁에 형 아론과 제자 여호수아와 갈렙이 무려 40년을 함께 했다. 애굽 땅에서 홍해와 광야를 지나 요단강 동편까지 모든 애환의 여정을 함께 했다. 위대한 친구들이다.

친구는 서로 신뢰하고 보증해준다

"²⁵바나바가 사울을 찾으러 다소에 가서 ²⁶만나매 안디옥에 데리고 와서 둘이 교회에 일 년간 모여 있어 큰 무리를 가르쳤고 제자들이 안디옥에서 비로소 그리스도인이라 일컬음을 받게 되었더라"(행 11:25~26).

"¹⁸그 후 삼 년 만에 내가 게바를 방문하려고 예루살렘에 올라가서 그와 함께 십오 일을 머무는 동안 ¹⁹주의 형제 야고보 외에 다른 사도들을 보지 못하였노라"(갈 1:18~19).

"⁹또 기둥 같이 여기는 야고보와 게바와 요한도 내게 주신 은혜를 알므로 나와 바나바에게 친교의 악수를 하였으니 우리는 이방인에게로, 그들은 할례자에게로 가게 하려 함이라, ¹¹게바가 안디옥에 이르렀을 때에 책망 받을 일이 있기로 내가 그를 대면하여 책망하였노라"(갈 2:9, 11).

바나바와 바울, 바울과 베드로, 이들의 관계는 맺어질 수 없는 심히 불편한 관계였다. 사울(바울)은 교회를 극단적으로 혐오하고 박해했다. 초기 기독교의 싹을 아예 잘라버리려고 작심했다. 다메섹 도상에서 개인적으로 극적인 체험과 회심을 했으나 교회로서는 신뢰할 수 없었다. 그러나 바나바는 안디옥에서, 베드로는 예루살렘에서 바울을 신뢰하고 보증인 역할을 해주었다.

친구는 배려해주면서 끝까지 간다

"내가 너희에게 분부한 모든 것을 가르쳐 지키게 하라 볼지어다 내가 세상 끝날까지 너희와 항상 함께 있으리라 하시니라"(마 28:20).

"내가 너희를 고아와 같이 버려두지 아니하고 너희에게로 오리라"(요 14:18).

예수님께서 약속하시는 이 두 구절의 말씀은 그리스도 안에서 친구들이 지녀야 할 최고의 덕목이라 할 수 있다. 베드로를 비롯한 제자들은 미숙하고 소심하고 경박하기까지 했다. 무엇 하나 이뻐 보이는 구석이 안 보이는 젊은이들이었다. 그러나 예수님은 그 제자들을 친구처럼 대하셨다. 한없이 배려해주면서 끝까지 데리고 가셨다(요 13:1).

목회현장은 만만하지 않다. 예기치 못한 어려움과 감당키 힘든 상황들이 수시로 다가온다. 혼자서 끙끙거리기만 하면 더 깊은 수렁으로 빠져들게 된다. 이때 배려해주면서 끝까지 손잡아 주는 친구가 있어야 한다.

친구는 꿈과 사명(Vision & mission) 앞에서
약해지고 흔들릴 때 서로 지지하고 격려, 성원해준다

"[14]너는 내가 사는 날 동안에 여호와의 인자하심을 내게 베풀어서 나를 죽지 않게 할 뿐 아니라 [15]여호와께서 너 다윗의 대적들을 지면에서 다 끊어 버리신 때에도 너는 네 인자함을 내 집에서 영원히 끊어 버리지 말라 하고 [16]이에 요나단이 다윗의 집과 언약하기를 여호와께서는 다윗의 대적들을 치실지어다 하니라 [17]다윗에 대한 요나단의 사랑이 그를 다시 맹세하게 하였으니 이는 자기 생명을 사랑함 같이 그를 사랑함이었더라"(삼상 20:14~17).

다윗은 사울 왕으로부터 무려 10년 동안 질투와 미움을 받아 쫓겨 다녔다. 위기에 처했던 나라를 건져내었으니 최고의 보상과 예우를 받아 마땅함에도 10년을 '도망자 신세'로 살다 보니 애초에 갖고 있던 '거룩한 꿈과 사명'도 희미해져 갔다. 그럼에도 10년을 견뎌낼 수 있었던 것은 다윗 옆에 친구 요나단이 있었기 때문이다.

다윗도 사람인지라 약해지고 흔들릴 때가 왜 없었을까! 그때마다 요나단은 진심으로 다윗을 지지하고 격려하면서 축복까지 해주었다. 당신에게 요나단이 있는가?

친구는 서로를 지켜주고 싶어 희생하러 나선다

"내 형 요나단이여 내가 그대를 애통함은 그대는 내게 심히 아름다움이라 그대가 나를 사랑함이 기이하여 여인의 사랑보다 더하였도다"(삼하 1:26).

"사람이 친구를 위하여 자기 목숨을 버리면 이보다 더 큰 사랑이 없나니"(요 15:13).

"[4]예수께서 그 당할 일을 다 아시고 나아가 이르시되 너희가 누구를 찾느냐 [5]대답하되 나사렛 예수라 하거늘 이르시되 내가 그니라 하시니라 그를 파는 유다도 그들과 함께 섰더라 [6]예수께서 그들에게 내가 그니라 하실 때에 그들이 물러가서 땅에 엎드러지는지라"(요 18:4~6).

16세기 종교개혁 운동사를 보면 유럽을 철옹성처럼 장악하고 있던 로마 교황의 위세와 협박 앞에서 개혁자들은 '소수자'였다. 얼마나 외롭고 불안했을까! 그런 상황 가운데 파렐은 칼빈을 지켜주었으며, 칼빈은 요한 녹스를 지켜주었다. 루터는 멜랑히톤을 격려하였으며, 칼빈은 서신으로 루터를 성원했다. 주기철 목사는 조만식, 유계준 장로의 지지와 성원에 힘입어 신사참배 반대의 길을 완주할 수 있었다.

오늘의 목회자들이여! 유아독존식으로 하지 말고 위대한 복음의 사역을 위해 서로 지켜주고 협력하는 친구가 되어 주시라(빌 1:27).

성령님과
동행하는 목회 ①

성령님과 반드시 동행하는 목회를 해야 하는 이유는 무엇보다 예수님께서도 구속사역의 전 과정을 성령님과 동행하셨기 때문이다. 예수님의 성육신 출생(마 1:18~20), 공사역 출발(눅 4:1, 14, 18), 사역의 기쁨(눅 10:21), 사역의 협력(요 15:26), 사역의 지속(요 14:26, 16:7)을 위해 성령님이 함께 하셨다.

이처럼 예수님께서는 친히 성령님과 동행하는 구원사역을 하셨을 뿐 아니라 나중에는 우리에게도 성령님과 함께 하는 목회를 하라고 당부하셨다(요 16:7). '성령님과 동행하는 목회'를 반드시 해야 하는지를 확신하기 위해서는 요한복음 14~16장을 지속적으로 깊이 읽으면서 묵상해야 한다. 이는 특히 모든 목회자에게 반드시 필요하다.

목회자가 요한복음 14~16장을 충분히 공부하지 않고 목회에 임한다는 것은 장수가 칼 없이 전쟁터로 나가는 것과 같다. 하지만 충분히 공부하여 성령님을 모시고 목회현장으로 나서는 것은 장수가 완전무장한 데다 날개를 단 것과 다를 바 없다.

예수님께서는 아주 자연스럽게 구속사역의 전 과정을 성령님과 함께 하셨다. 그리고 제자들에게 성령님과 동행하고 동역할 것을 신신당부하셨다. 그렇다면 예수님의 그 구원사역을 가르치고 전하는 목회자로 부르심을 받은 목회자 또한 '성령님과 동행하는 목회'를 해야 함은 너무나 당연하다.

이를 위해서는 두 가지 큰 원리를 깊이 이해해야 한다. 먼저 성령님의 '인격'을 성경을 통해 잘 배워서 깨달아야 한다. 쉽게 이해하기 위해 '성령님의 인격'이라고 표현하는 데 달리 말하면 '성령님의 본성, 성품'이라고 이해하면 되겠다. 인격, 본성, 성품 안에는 대표적인 것 세 가지가 있다. 그것은 '지식과 감정과 의지'다.

성령님은 완전한 지식을 가지신 하나님의 영이시다

"¹⁰오직 하나님이 성령으로 이것을 우리에게 보이셨으니 성령은 모든 것 곧 하나님의 깊은 것까지도 통달하시느니라 ¹¹사람의 일을 사람의 속에 있는 영 외에 누가 알리요 이와 같이 하나님의 일도 하나님의 영 외에는 아무도 알지 못하느니라"(고전 2:10~11).

"¹⁷그는 진리의 영이라 세상은 능히 그를 받지 못하나니 이는 그를 보지도 못하고 알지도 못함이라 그러나 너희는 그를 아나니 그는 너희와 함께 거하심이요 또 너희 속에 계시겠음이라 ²⁶보혜사 곧 아버지께서 내 이름으로 보내실 성령 그가 너희에게 모든 것을 가르치고 내가 너희에게 말한 모든 것을 생각나게 하리라"(요 14:17, 26).

"내가 아버지께로부터 너희에게 보낼 보혜사 곧 아버지께로부터 나

오시는 진리의 성령이 오실 때에 그가 나를 증언하실 것이요"(요 15:26).

"그러나 진리의 성령이 오시면 그가 너희를 모든 진리 가운데로 인도하시리니 그가 스스로 말하지 않고 오직 들은 것을 말하며 장래 일을 너희에게 알리시리라"(요 16:13).

그러므로 성령님은 '완벽하신 선생님'이시다. 좋은 학생은 선생님에게 망설임 없이 무엇이든지 여쭌다. 선생님은 이런 학생을 이뻐하시면서 성의를 다하여 대답해주신다. 우리가 지혜가 부족할 때 하나님께 여쭈면 하나님께서는 우리를 꾸짖지 아니하시고 성령님을 통하여 후하게 대답해 주신다(약 1:5).

성령님은 온전한 감정을 갖고 계신다

"이와 같이 성령도 우리의 연약함을 도우시나니 우리는 마땅히 기도할 바를 알지 못하나 오직 성령이 말할 수 없는 탄식으로 우리를 위하여 친히 간구하시느니라"(롬 8:26).

"예언은 언제든지 사람의 뜻으로 낸 것이 아니요 오직 성령의 감동하심을 받은 사람들이 하나님께 받아 말한 것임이라"(벧후 1:21).

하나님께서 사람을 창조하실 때 우리 안에 '감정·감동·감화'를 넣어주신 것은 커다란 선물이다. 감정이 있으므로 하나님을 느낄 수 있다. 자연만물을 보면서 하나님을 느끼고 성경을 읽고 배우면서 하나님을 느끼는데 특히 성령님과 교감 할 수 있게 해 주셨다(계 1:10, 2:7).

"하나님의 성령을 근심하게 하지 말라 그 안에서 너희가 구원의 날까지 인치심을 받았느니라"(엡 4:30).

"주의 날에 내가 성령에 감동되어 내 뒤에서 나는 나팔 소리 같은 큰 음성을 들으니"(계 1:10).

"깨끗함과 지식과 오래 참음과 자비함과 성령의 감화와 거짓이 없는 사랑과"(고후 6:6).

"그들이 반역하여 주의 성령을 근심하게 하였으므로 그가 돌이켜 그들의 대적이 되사 친히 그들을 치셨더니"(사 63:10).

성령님은 확고한 의지를 갖고 계신다

"무시아 앞에 이르러 비두니아로 가고자 애쓰되 예수의 영이 허락하지 아니하시는지라"(행 16:7).

"주는 영이시니 주의 영이 계신 곳에는 자유가 있느니라"(고후 3:17).

"평안의 매는 줄로 성령이 하나 되게 하신 것을 힘써 지키라"(엡 4:3).

"그 때에 예수께서 성령에게 이끌리어 마귀에게 시험을 받으러 광야로 가사"(마 4:1).

우리는 자주 우리의 필요에 따라 성령님을 떠올린다. 우리가 아쉽고 필요할 때 성령님을 찾지만 평소에는 성령님을 잊어버린다. 이것은 큰 결례요 회개해야 할 부분이다. 성령님은 보혜사시다. 우리를 지켜주시고 은혜 베풀어 주시고 모든 것을 가르쳐 주신다. 성령님은 확고한 의지를 갖고 우리를 인도하신다. 그런데 우리는 우리 안에 이미 와 계시는 성령님을 외면하고 심지어 홀대하면서 내 힘으로 해보겠노라고 진을 다 빼고 있다. 나 역시 목회 여정에서 성령님을 합당하게 예우해 드리지 않으면서 '나 혼자 최선을 다하는 목회'를 열심히 했다.

어느 날 새벽, 강단에서 성령님께서 주시는 큰 깨달음이 있었다. 스가랴 4장 6절과 요한복음 16장 7절 말씀이 뜨겁게 고백 되면서 묵상이 되도록 감동을 주시는 것이다.

"그가 내게 대답하여 이르되 여호와께서 스룹바벨에게 하신 말씀이 이러하니라 만군의 여호와께서 말씀하시되 이는 힘으로 되지 아니하며 능력으로 되지 아니하고 오직 나의 영으로 되느니라"(슥 4:6).

"그러나 내가 너희에게 실상을 말하노니 내가 떠나가는 것이 너희에게 유익이라 내가 떠나가지 아니하면 보혜사가 너희에게로 오시지 아니할 것이요 가면 내가 그를 너희에게로 보내리니"(요 16:7).

이 두 구절 말씀이 깊은 감동으로 나의 마음을 울렸다. 나도 모르게 그 자리에서 무릎을 꿇었다. 그리고 항복하는 마음으로 두 팔을 높이 들고 진심으로 회개하는 기도를 드렸다.

"성령님, 그동안 잘못했습니다. 성령님을 인격적으로 잘 모시지 못했습니다. 성령님을 환영하고 가까이 모시고 목회해야 했는데 얄팍한 저의 지식과 보잘것없는 저의 열심으로 목회한다고 동분서주했습니다. 참으로 송구합니다. 용서해주옵소서. 앞으로는 성령님을 참으로 존귀하게 여기면서 가까이 모시고 목회하겠습니다. 모든 것을 말씀드리고, 궁금한 것은 언제라도 소상히 여쭙겠습니다. 예수님께서 너무나 자상하게 성령님을 우리에게 소개해주시고 추천해 주셨으니(요 16:7) 이제부터는 '성령님과 동행하는 목회'를 하겠습니다. 성령님, 감사합니다. 사랑합니다. 환영합니다."

나는 이렇게 성령님과 관계회복의 시간을 가졌다. 그리고 나는 그날 이후 이전과는 확연히 차이가 나는 새로운 목회, 더 행복하고 깊이가 있는 목회를 할 수 있었다. 하나님의 크신 은혜였다.

성령님과
동행하는 목회 ②

    필자가 신학을 공부하던 1970년대, 보수신앙을 표방하는 한국교회와 신학교에서는 '성령님'을 강조하지 않았고 '성령론'을 적극적으로 가르치지도 않았다. 그 결과 우리는 신학교 시절 기독론(예수 그리스도)과 구원론을 집중적으로 깊이 공부했다.

    그 시절 한국교회는 '성령론'에 대하여 트라우마(경계심·피해의식·상처·불안감)가 있었다. 여기에는 시대적인 배경이 깔려 있다.

    일제강점기와 광복 이후의 혼란기 그리고 한국전쟁을 거치며 극도의 고통과 절망 그리고 폐허가 된 산하(山河)에서 살아남기 위해 초근목피로 연명하는 백성이 있을 정도로 힘들다 보니 여기저기에서 상식 밖의 사이비종교들과 심지어 기독교 계통(?)의 이단들이 우후죽순 쏟아져 나왔다.

    가난과 질병 때문에 깊은 무기력감과 절망감으로 염세주의로 침몰해 가던 이 땅의 백성들에게 그들은 참으로 허황하지만 달콤한 약속들을 마구 들이밀었다. 익사 직전의 사람은 지푸라기라도 붙잡으려고 하는 것처럼 하루하루 눈물과 한숨 속에서 버티고 있던 사람들은 마지막 한 가닥 기대감으로 너무 쉽게 이단들의 유혹 속으로 빠져들어 갔다.

그 당시 이단들은 '성령'을 감히 자기들 마음 내키는 대로 전가의 보도인 양 남용 남발하면서 마음껏 악용했다. 자신들이 성령의 능력으로 무슨 신비한 힘을 행사하는 것처럼 추종자들을 선전·선동했다. 세상적으로 보면 상당한 성공을 거두는 것으로 보였다. 그러나 사실은 혹세무민이었다.

그들은 밤중에 대형광장에 운집한 사람들의 정신을 현혹하여 맹신도들로 만들고자 했다. 온갖 기기들과 기괴한 술수들을 동원하여 신비한 세계를 보여주는 것처럼 희한한 거짓 조작도 서슴지 않았다. 그들의 혹세무민하는 종교적 사기행각을 오랫동안 추적하던 언론에서 그 실체들을 생생하게 취재하여 세상에 드러냈다.

우리 사회는 큰 충격에 빠졌다. 사이비종교와 이단들이 얼마나 위선적이고 가증스러운 집단인지를 깊이 깨닫는 계기가 됐다. 그들은 잘못을 고백하고 반성하기는커녕 해당 언론사에 몰려가 윤전기에 모래를 쏟아부으면서 갖은 행패를 자행함으로 우리 사회를 다시 놀라게 했다.

성령님을 빙자하여 감히 고귀한 그리스도의 복음을 이토록 모독하고 훼손하는 이들 집단의 만행을 다소 구체적으로 거론하는 이유는 한국교회가 1950~1970년대에 겪었던 고충을 오늘의 젊은 목회자들이 알아둘 필요가 있기 때문이다.

이런 배경 때문에 1960~1980년대 한국교회 보수신학계는 '성령론'을 소극적으로 대했다. 그 흐름 속에서 신학을 공부했던 세대 역시 성령님에 관한 공부를 제대로 배우지 못한 채 목회현장으로 나갔다. 한마디로 "자라보고 놀란 가슴 솥뚜껑 보고도 놀란다"라는 말처럼 그 시대 우리 보수교회는 성령님에 대하여 논하거나 공부하는 것을 꺼렸다. 덕분에 (?) 오순절 계통 교회들이 한국교회의 '성령론'을 독점하다시피 주도할 수 있었다.

그러나 이제는 한국교회 안에서 소중한 위치에서 큰 책임을 지고 있는 목회자들이 성령님에 대해 정확하고 깊이 있게 공부해야 한다. 그리고 실제로 성령님과 동행하는 목회를 하자. 특히 신중하면서 지혜롭게 분별해야 할 부분이 있다. 그것은 '성령님의 은사와 열매' 부분이다.

성령님의 은사는 고린도전서 12장에 상세히 기록되어 있다. 성령님의 열매는 갈라디아서 5장 16~26절에 상술되어 있다. 성령님이 주시는 은사 즉 선물에는 지혜의 말씀, 지식의 말씀, 큰 믿음, 병 고치는 능력, 예언, 영분별, 방언, 방언 통역 등이 있다(고전 12:8~10). 성령님으로 말미암아 신자의 내면에 맺혀지는 열매에는 사랑, 희락, 화평, 인내, 자비, 양선, 충성, 온유, 절제 등이 있다(갈 5:22~23).

성령님의 은사는 모든 신자에게 다 주어지는 것이 아니다(고전 12:4~6, 11). 그리고 어느 특정한 사람이 혼자서 이 은사들을 다 받는 것도 아니다(고전 12:7~9, "각 사람, 어떤 사람, 다른 사람에게"). 하나님께서 보시고 판단하셔서 은사를 주신다. 그러므로 혹 은사를 받는 사람은 자랑할 수 있는 것이 아니고 오히려 조심 또 조심해야 한다.

은사는 오로지 교회 공동체에 덕과 유익을 끼쳐야만 한다(고전 14:4~6). 그러므로 은사를 받았다고 자고(自高) 하거나 자랑하면 영적으로 매우 위험하고 불행해질 수 있다. 매우 조심해야 한다.

"^{33}하나님은 무질서의 하나님이 아니시요 오직 화평의 하나님이시니라, ^{40}모든 것을 품위 있게 하고 질서 있게 하라"(고전 14:33, 40).

성령님과
동행하는 목회 ③

앞 부분에서는 성령님의 인격과 하시는 주요 사역을 간략하게 살펴보았다. 본 주제의 마지막 부분에서는 우리가 성령님과 동행하는 목회를 잘하기 위해서 성령님을 어떻게 모시면 될까를 살펴보고 싶다. 우리의 목회 앞날의 성패는 성령님과 얼마나 깊이 동행하느냐에 달려 있다 (슥 4:6; 행 1:8; 계 2:7).

성령님은 인격자이심을 인식하라

성령님 역시 성부 하나님과 성자와 함께 인격자이시다. 이 사실을 확실히 인식하는 것은 '성령님과 동행하는 목회'를 하려는 목회자가 가져야 하는 중요한 자세이다. 이 인식이 분명하면 성령님을 적극적으로 가까이 모시면서 확신 속에서 능력 있는 목회를 하게 된다.

성령님을 인정(認定)해 드리고 신뢰(信賴)해 드려라

"그러나 내가 너희에게 실상을 말하노니 내가 떠나가는 것이 너희에게 유익이라 내가 떠나가지 아니하면 보혜사가 너희에게로 오시지 아니할 것이요 가면 내가 그를 너희에게로 보내리니"(요 16:7).

예수님께서 우리에게 당부하시는 이 말씀은 매우 중요하다. 쉽게 말하면, 예수님께서는 교회를 성령님께 위탁하고 하늘나라로 돌아가셨다. 심지어 이렇게까지 말씀해주셨다. "성령은 너희들의 보혜사시므로 나보다 너희들을 더 잘 보살펴 줄 것이다."

성령님을 어찌 가볍게 여길 수 있는가! 최고의 귀빈으로 인정하며 신뢰해 드림이 마땅하다. 인격자이시므로 최고로 예우해 드릴 때 성령님도 흡족해하시면서(삼상 2:30) 우리를 더 자상하게 보호하며 은혜를 주실 것이 틀림없다.

"내가 아버지께 구하겠으니 그가 또 다른 보혜사를 너희에게 주사 영원토록 너희와 함께 있게 하리니"(요 14:16).

성령님을 늘 환영하고 초청하자

"볼지어다 내가 문 밖에 서서 두드리노니 누구든지 내 음성을 듣고 문을 열면 내가 그에게로 들어가 그와 더불어 먹고 그는 나와 더불어 먹으리라"(계 3:20).

"술 취하지 말라 이는 방탕한 것이니 오직 성령으로 충만함을 받으라"(엡 5:18).

"성령을 소멸하지 말며"(살전 5:19).

"그의 성령을 우리에게 주시므로 우리가 그 안에 거하고 그가 우리 안에 거하시는 줄을 아느니라"(요일 4:13).

부모님을 찾아뵐 때 반갑게 인사드리면서 문안을 주고받는다. 그리할 때 부모님은 즐거워하시고 만족해하신다. 성령님은 '인격자'이시라는 점을 성경은 거듭 강조한다. 신자는 성령님께 기쁜 마음으로 인사도, 부탁도 드릴 수 있다.

성령님도 우리를 향해 기쁨을 이기지 못하시는 감정을 갖고 계신다(습 3:17). 그러므로 이렇게 기도할 수 있다. '성령님, 감사합니다. 제 맘에 오시옵소서. 사모합니다. 환영합니다. 성령님을 모시고, 성령님과 동행하고 싶습니다.'

성령님께 순종하자

"무시아 앞에 이르러 비두니아로 가고자 애쓰되 예수의 영이 허락하지 아니하시는지라"(행 16:7).

"내가 이르노니 너희는 성령을 따라 행하라 그리하면 육체의 욕심을 이루지 아니하리라"(갈 5:16).

성령님의 감동과 은사를 많이 받았다고 자랑하면서 경솔하게 처신하고 나서기를 좋아하는 자들이 더러 있다. 이런 사람은 덕을 못 세울 위험성이 크다.

정상적인 그리스도인의 인격을 갖고, 성령의 감동을 받는 사람은 지식에까지 새로워지면서 더욱 성숙해진다. 성령님의 감동을 받는 결과는 특히 '겸손과 절제'로 나타난다. 특히 교회의 질서를 존중하고 겸손하게 배우고자 한다(고전 14:40; 딤전 4:14; 히 13:17).

성령님께 늘 말씀드리고(고백) 여쭈어라

"보혜사 곧 아버지께서 내 이름으로 보내실 성령 그가 너희에게 모든 것을 가르치고 내가 너희에게 말한 모든 것을 생각나게 하리라"(요 14:26).

"내가 아버지께로부터 너희에게 보낼 보혜사 곧 아버지께로부터 나오시는 진리의 성령이 오실 때에 그가 나를 증언하실 것이요"(요 15:26).

"그러나 진리의 성령이 오시면 그가 너희를 모든 진리 가운데로 인도하시리니 그가 스스로 말하지 않고 오직 들은 것을 말하며 장래 일을 너희에게 알리시리라"(요 16:13).

성령님은 보혜사로서 우리의 선생님이요 상담자요 멘토시다. 성령님은 우리가 아무리 어려운 질문을 해도 대답해주시고, 어떤 심각한 문제를 갖고 상담을 요청해도 자상하게 상담해주신다. 예수님께서도 이 점을 보증해주셨다(요 16:7).

성령님을 근심케 하거나 슬프시게 하지 말라

"여호와께서 이르시되 나의 영이 영원히 사람과 함께 하지 아니하리니 이는 그들이 육신이 됨이라 그러나 그들의 날은 백이십 년이 되리라 하시니라"(창 6:3).

"¹⁰이는 삼림의 짐승들과 뭇 산의 가축이 다 내 것이며 ¹¹산의 모든 새들도 내가 아는 것이며 들의 짐승도 내 것임이로다"(시 50:10~11).

"그들이 반역하여 주의 성령을 근심하게 하였으므로 그가 돌이켜 그들의 대적이 되사 친히 그들을 치셨더니"(사 63:10).

"²⁶이와 같이 성령도 우리의 연약함을 도우시나니 우리는 마땅히 기도할 바를 알지 못하나 오직 성령이 말할 수 없는 탄식으로 우리를 위하여 친히 간구하시느니라 ²⁷마음을 살피시는 이가 성령의 생각을 아시나니 이는 성령이 하나님의 뜻대로 성도를 위하여 간구하심이니라"(롬 8:26~27).

"하나님의 성령을 근심하게 하지 말라 그 안에서 너희가 구원의 날까지 인치심을 받았느니라"(엡 4:30).

성경은 성령님께서는 우리가 범죄 하거나 불순종할 때 근심하고 슬퍼하신다는 점을 거듭 강조하고 있다. 나의 불순종 때문에 성령님이 근심하시면 나에게는 아무 유익이 없다. 성령님은 '기쁨의 영'이시다. 기쁨과 즐거움으로 우리 목회에 동행하시게 하자.

마음의 묵상과 찬양과 기도를 통해 끊임없이 성령님과 교제하라

"나의 반석이시요 나의 구속자이신 여호와여 내 입의 말과 마음의 묵상이 주님 앞에 열납되기를 원하나이다"(시 19:14).

"그러면 어떻게 할까 내가 영으로 기도하고 또 마음으로 기도하며 내가 영으로 찬송하고 또 마음으로 찬송하리라"(고전 14:15).

우리 안에는 하나님께서 창조 시에 주신 영성이 있다(창 2:7). 이 영성을 깨우는 것은 성경 말씀과 더불어 묵상, 찬양, 기도이다(딤전 4:5).

에베소서 5장 18~20절을 보라. 성령님은 우리가 감사와 찬양으로 깊어져 갈 때 충만하게 임재해 주신다. 그리고 신령한 지혜를 주시어 우리를 향하신 주님의 뜻이 무엇인지 잘 분별할 수 있게 하신다. 그 결과 목회는 성령님과 동행하는 행복한 목회가 된다.

목회자여,
당회를 즐기시라! ①

목회자들이 가끔 주고받는 유머가 있다. "회(膾 sliced raw fish) 중에 가장 맛없는 회는 당회다." 미리 부담을 느끼면서 소극적이거나 부정적인 선입견을 가진 목회자는 일면 공감할 것이다. '미리 겁을 집어먹는다'라는 말이 있다. 그러나 마음의 여유를 갖고 생각해 보면 그렇지 않다. 알고 보면 얼마든지 즐길 수 있는 회(會, meeting, session)가 당회다.

이렇게 말하면 적지 않은 목회자들이 "당회를 즐기라고요?"라고 반문할 것이다. 당연히 그렇게 생각할 수도 있다. 한국의 어느 대형교회에서 목회했던 목회자도 '당회를 운영하면서 힘들었다'라고 하니 일반적인 목회자 입장에서 부담을 느끼는 것은 자연스러울 수 있다.

과연 당회를 즐길 수 있을까? 52년의 교역자(목회자)의 경험으로 말한다면 '당회를 즐길 수' 있다. 물론 목회 여정에서 당회 운영에 어려움이 전혀 없었다는 뜻이 아니다. 나 역시 염려되고 위축되는 순간이 적지 않았다. 그러나 목회 연륜이 쌓이고 나이도 들어가면서 마음의 여유가 많아지기 시작했다. 성경을 보는 눈이 더 깊고 넓게 열리면서 이해심, 포용력, 인내심이 커지는 것을 확연히 느낄 수 있었다.

이는 '나이 듦의 이점'도 있었다. 하지만 무엇보다 성령님을 더 많이 의존함으로 성령님이 나뿐 아니라 '나와 함께 하는 사람들'까지 만져주시는 은혜가 있었다. 그 결과 목회와 당회를 주 안에서 즐길 수 있다는 진리를 조심스럽게 확신하기 시작했다. 그래서 나머지 10년간의 목회 그리고 당회 운영을 즐기면서 감당했노라고 간증하고 싶다. '무슨 일이든 꾸준히 하다 보면 익숙해지고 익숙함이 반복되면 즐길 수 있게 된다'라는 통설이 있다. 나는 이 주장에 크게 공감한다.

바울 사도 역시 고백하고 있지 않은가! "나는 여러분의 얼굴 보기를 열정으로 더욱 힘썼노라 주 안에서 항상 기뻐하라 내가 다시 말하노니 기뻐하라"(살전 2:17; 빌 4:4).

목회뿐만 아니라 당회까지 즐길 수 있다는 사실을 목회 초창기부터 구체적으로 확신하고 임했다면 불필요한 갈등이나 시간 낭비 그리고 에너지 소비를 일찍 피할 수 있었으리라!

이런 배경에서 후배 목회자들이 일찍부터 주 안에서 목회와 당회를 즐길 수 있다는 자신감과 확신을 갖고 행복하게 목회할 수 있도록 아주 작은 도움이지만 나누어드리고 싶었다. 당회를 즐길 수 있는 몇 가지 지혜를 소개해 보겠다.

제사장 이드로의 충고(출 18:1~27)

출애굽에 이어 광야교회를 이끄는 모세는 애굽에서의 열 재앙, 홍해 도하, 만나와 메추라기, 반석 샘물 등 커다란 사역들을 혼자서 도맡다시 피 하다 보니 광야교회 역시 혼자서 이끌고 있었다. 마침 사위를 방문한 장인 이드로가 이 현상을 목격하고 매우 염려하면서 모세에게 아주 중요한 충고와 지혜를 전해준다.

모세 혼자서 광야교회를 인도하는 목회를 할 수 없다. 모세 혼자서 그 많은 사역을 감당한다면 모세 자신도 쓰러지겠지만 백성도 필경 기력이 쇠하여 쓰러질 수 있다(출 18:14, 18).

목회자는 '혼자' 다 하고 싶어 하는 유혹과 혼자서 다 할 수 있다는 그릇된 자신감에 빠질 수 있다. 여러 사람이 함께 보면 합리적이고 객관적인 결과물을 만들어 낼 수 있다. 지도자가 혼자서 보고 판단하면 독단으로 흐르고 그 결과는 아주 위험한 지경에 이를 수 있다.

모세는 장인 이드로의 충고와 권면을 받아들여 동역자를 세운다. 천부장, 백부장, 오십부장, 십부장이다. 이들은 '능력 있는 사람'들로서 "하나님을 두려워하며 진실하며 불의한 이익을 미워하는" 사람들이었다. 이들은 모세의 짐을 나누어졌다.

당회원 역시 목회자의 무거운 짐을 나누어 감당하는 동역자요 동지다. 좋은 동역자들과 함께 당회를 이루어 교회를 섬기고 목회할 수 있으니 이 얼마나 즐거운 일이 아닌가!

연합하라!

"¹보라 형제가 연합하여 동거함이 어찌 그리 선하고 아름다운고 ²머리에 있는 보배로운 기름이 수염 곧 아론의 수염에 흘러서 그의 옷깃까지 내림 같고 ³헐몬의 이슬이 시온의 산들에 내림 같도다 거기서 여호와께서 복을 명령하셨나니 곧 영생이로다"(시 133:1~3).

위의 말씀에 당회를 적용할 수 있다. 목회자가 당회원들과 연합하여 교회를 섬길 때 그 모습은 하나님이 보시기에 보배로운 기름과 이슬이 내리는 것처럼 아름답다. 그리고 하나님께서 기뻐하셔서 그 당회에 복을 내리시니 이 어찌 즐거운 일 아닌가!

협력하라!

"두 사람이 한 사람보다 나음은 그들이 수고함으로 좋은 상을 얻을 것임이라 혹시 그들이 넘어지면 하나가 그 동무를 붙들어 일으키려니와 홀로 있어 넘어지고 붙들어 일으킬 자가 없는 자에게는 화가 있으리라 또 두 사람이 함께 누우면 따뜻하거니와 한 사람이면 어찌 따뜻하랴 한 사람이면 패하겠거니와 두 사람이면 맞설 수 있나니 세 겹줄은 쉽게 끊어지지 아니하느니라"(전 4:9~12).

성경은 단호하게 선언한다. "두 사람이 한 사람보다 낫다", "두 사람이 누우면 따뜻하다", "한 사람이면 패하지만 두 사람이면 맞설 수 있다", "세 겹줄은 쉽게 끊어지지 아니한다", "사람은 홀로 있으면 넘어져도 일어설 수 없다. 동지가 있으면 붙들어 일으켜 준다." 이 얼마나 아름답고 신나며 즐거운 일이 아닌가!

목회자여,
당회를 즐기시라! ②

참 묘하면서도 아쉬운 것은 여호수아와 갈렙처럼 또는 요나단과 다윗처럼 깊은 우정을 유지하면서 하나님의 일을 할 수 없는 것인가? 꼭 갈등과 긴장을 겪으면서 살아가야 하는가?

여호수아와 갈렙은 거의 동년배 친구로서 무려 45년 동안 스승 모세의 제자이자 동역자로서 이스라엘의 출애굽과 광야생활 그리고 가나안 정착의 전 과정을 함께 했다. 45년(수 14:10), 이 얼마나 아름다운 정경인가! 당회를 이렇게 할 수 없는 것인가?

요나단과 다윗을 보라! 두 사람은 출생 환경과 성장 과정이 엄청나게 다르다. 요나단은 이스라엘의 초대 왕 사울의 장남으로 왕위 계승권을 가진 왕자로 자랐다. 다윗은 작은 마을 베들레헴에서 목자 이새의 막내 아들로 태어나 목동으로 자랐다. 우여곡절 끝에 어린 청년 다윗은 블레셋과의 전투에서 적장 거인 골리앗을 거꾸러뜨리면서 전쟁을 승리로 이끌었다.

이 쾌거로 다윗은 일약 이스라엘 백성들의 영웅으로 떠올랐다. 그 결과 사울 왕은 다윗을 시기 질투하게 된다. 그 배경에는 아들 요나단 왕자에게 왕권이 계승되어야 하는데 백성들에게 신망과 인기가 충천하고 있는 다윗이 강력한 왕위 계승 후보자로 부각될 수 있을 것이라는 우려가 크게 깔려있었다(삼상 19:17, 20:30~31).

요나단은 아버지의 말을 충분히 알아들을 수 있는 총명한 사람이다. 그러나 요나단은 사사로운 '혈육의 정(情)이나 이익'에 묶이지 않고 하나님의 기쁘신 뜻과 하나님 나라의 전진을 더 중시했다(삼상 19:4~5, 20:13b, 15).

다윗과 요나단 이 두 젊은이는 하나님의 나라 또는 이스라엘의 안녕을 위하여 최고의 신앙과 우정으로 감동적인 동역(cooperation)을 실천했다(삼상 20:17~23). 이 두 사람의 멋진 우정과 하나님 나라를 위한 헌신을 아름답게 노래하고 있다.

"내 형 요나단이여 내가 그대를 애통함은 그대는 내게 심히 아름다움이라 그대가 나를 사랑함이 기이하여 여인의 사랑보다 더하였도다"(삼하 1:26).

한국교회와 당회는 여호수아와 갈렙처럼, 요나단과 다윗처럼 아름다운 동역을 할 수 없는 것인가? 우리는 그렇게 하면 안 되는가? 시편 133편 1절의 말씀처럼 하나님께서는 목회자들이 당회를 (그리고 목회까지도) 얼마든지 '즐길 수 있기'를 바라신다. 그것이 하나님께 기쁨이 되고 즐거움이 된다(시 122:1, 4, 6, 8~9).

오랜 목회 사역의 경험에서 동역자들에게 들려주고 싶은 몇 가지 지혜를 써 본다.

① 목회자는 당회원을, 당회원은 목회자를 '믿고 기대하면서' 기다려 주어라.

이 마음과 자세가 매우 중요하다. 우리는 모두 불완전하고 미숙한 사람이다. 비교적 장수한 어른들이지만 묘지의 묘비에 새겨진 자신의 이름 앞에 '學生 ○○○'라고 되어 있다. 한 생애를 완전하게 살다 간 사람은 없다는 뜻일 것이다.

예레미야 선지자는 자신을 '아이'라고 했다. 청년 마가는 열정은 앞섰으나 땀 흘리는 수고와 오랜 인내가 많이 부족했다. 그 결과 스승 바울을 실망하게 했다. 그러나 바울은 청년 제자 마가를 믿고 기다려주었다. 말씀을 보라. "누가만 나와 함께 있느니라 네가 올 때에 마가를 데리고 오라 그가 나의 일에 유익하니라"(딤후 4:11).

② 어떤 경우에도 화를 내거나 분노를 보이지 않도록 자신을 경계하고 조절하라(잠 15:1, 16:32).

이것이 목회자가 당회원들에게 보여줄 아름다운 카리스마(권위)요 리더십(지도력)이다. 성내는 것은 백해무익하고 일을 그르친다(약 1:19~20).

③ 흥분한 상태에서는 당회 회의 중 어떤 중대한 결의도 하지 말라. 최악의 결정을 하게 된다.

④ 부드럽고 친절하게 미소로 말하면서 회의를 이끌어라. 가능하다(롬 14:17).

⑤ 교회적으로 주요 의제는 즉석에서 즉흥적으로 토의, 결의하는 것을 피하고 '시간'을 넉넉히 가지라. 사안을 놓고 각자 기도하고 연구할 수 있도록 시간을 충분히 주어라. 사안의 경중에 따라 1개월, 3개월, 6개월 심지어 1년의 준비 기간을 가져라.

⑥ 혹시 당회원 중에서 돌발성 발언이나 무례해 보이는 발언을 하더라도 담임목사는 '관용과 존중'의 마음으로 포용하라.

⑦ 당회원 전체 회의가 끝나면 식사를 하라(토요일 오후 5시, 정기당회(월 1회)를 하면 여러모로 좋다). 그리고 주중에 당회원 전체가 함께 즐길 수 있는 운동(탁구가 가장 많이 참여할 수 있는 운동)을 규칙적으로 하면 교제와 단합에 아주 효과적이다. 예수님께서도 그 바쁘신 사역 가운데서 "잠시 쉬어라. 와서 먹어라"(막 6:31; 요 21:12)고 하셨다.

⑧ 당면한 주요 현안이나 당회에서 난항을 겪고 있는 사안에 대해서는 지혜와 덕망이 뛰어나서 신뢰와 존경을 받는 선배 목회자들에게 주저하지 말고 자문을 구하라(신 32:7). 의외로 은혜로운 해답을 얻게 될 것이다.

4부
목회의 실제

목회자와 새벽기도회

신학생 시절(1970년대) 즐겨 읽었던 책, 리차드 백스터(Richard Baxter)의 '참 목자상'은 책의 빛이 바랬고 활자체도 작지만 여전히 눈에 쉽게 띄도록 나의 책상 가까운 곳에 두고 있다. 이 책 72쪽을 펴본다.

"우리 목회자들은 우리의 부족함을 느껴 모든 일을 그리스도께 의존하면서 경건하게 수행해야 한다. 사역의 생명과 힘을 공급해 주시는 그분에게 항상 귀의(歸依)하여야 한다. 매일 죄인들에게 영생과 영원한 죽음에 대하여 간곡히 설교해야 하는데 확고한 신앙도 없이 그리고 무거운 책임감도 없이 어떻게 이 일을 수행할 수 있는가? '오 주님, 나를 벗은 채로 내보내지 마시고 준비되지 않은 채 강단으로 내보내지 마옵소서! 주께서 부여하시는 이 사역을 잘 수행할 수 있도록 성령님으로 채워 주십시오'라고 기도해야 한다. 양떼를 위하여 기도하지 않는 목회자는 진정한 설교를 할 수 없다. 하나님께 간구하여 양떼가 믿음이 견고해지고, 회개하는 마음을 가지도록 해 주어야 하는데 이 사역이 잘 안 된다면 그 원인은 목회자가 기도하지 못한 탓이요 그 목회는 실패한 것이다."

이 책을 다소 길게 인용한 것은 세상 풍조를 본받아서 그러한지 세월이 갈수록 '목회'마저 세속적인 지혜, 지식, 기술, 기교의 방법이 너무 노골적으로 도입되고 있는 것 같아 염려하는 마음에서다.

바울 사도는 이렇게 당부한다

"¹형제들아 내가 너희에게 나아가 하나님의 증거를 전할 때에 말과 지혜의 아름다운 것으로 아니하였나니 ²내가 너희 중에서 예수 그리스도와 그가 십자가에 못 박히신 것 외에는 아무 것도 알지 아니하기로 작정하였음이라 ³내가 너희 가운데 거할 때에 약하고 두려워하고 심히 떨었노라 ⁴내 말과 내 전도함이 설득력 있는 지혜의 말로 하지 아니하고 다만 성령의 나타나심과 능력으로 하여 ⁵너희 믿음이 사람의 지혜에 있지 아니하고 다만 하나님의 능력에 있게 하려 하였노라"(고전 2:1~5).

목회는 영적인 사역이다. 영적인 것은 영으로 분별할 수 있다(고전 2:13~14). 이를 다르게 표현하면 목회는 '기도로써 한다. 기도 없이는 할 수 없고 해서도 안 된다.' 그런데 기도 없이도 할 수 있는 것처럼 마구 덤벼드는 사람이 있다. 충분히 기도하지 않으면서 요란하게 목회하는 이들도 적지 않다. 주님께서 뭐라고 말씀하시던가? "이르시되 기도 외에 다른 것으로는 이런 종류가 나갈 수 없느니라 하시니라"(막 9:29).

참으로 감사한 것은 '기도의 목회'를 자연스럽고 익숙하게 잘할 수 있는 목회자는 지구상에서 우리 한국교회 목회자들이다.

한국교회는 참으로 독특하게 새벽기도회를 유산으로 물려받았다. 그런데 알고 보면 이미 성경에 새벽기도가 강조되고 있다. "하나님이 그 성 중에 계시매 성이 흔들리지 아니할 것이라 새벽에 하나님이 도우시리로다"(시 46:5, 57:8, 63:6, 108:2, 110:3, 119:147~148). "나를 사랑하는 자들이 나의 사랑을 입으며 나를 간절히(히브리어: 새벽에) 찾는 자가 나를 만날 것이니라"(잠 8:17). "새벽 아직도 밝기 전에 예수께서 일어나 나가 한적한 곳으로 가사 거기서 기도하시더니"(막 1:35).

예수님께서 기도로써 복음전파와 구원 사역을 해나가셨거늘 그분의 제자요 종들인 우리가 목회 사역의 출발과 진행의 전 과정을 기도 없이 수행한다면 이런 모순과 어불성설이 또 있으랴? 특히 새벽기도는 하나님께서 우리에게 '은혜와 능력'을 공급해 주시는 신비한 통로이다. 실로 비밀스러운 하늘의 선물이다.

삼손이 외진 길에서 사자의 습격을 받았으나 싸워 쳐 죽였는데 며칠 후 다시 그곳을 지나다가 사자의 사체에서 벌떼와 꿀을 발견했다(삿 14:8). 여기서 나온 말이 "먹는 자에게서 먹는 것이 나오고 강한 자에게서 단 것이 나왔느니라"(삿 14:14)이다.

이처럼 새벽기도의 기쁨과 묘미도 새벽기도에 익숙해온 사람만이 알고 있다. 성도들도 새벽기도의 기쁨과 보배로움을 온몸으로 체득하고 있다면 목회자는 더 깊이 새벽기도의 세계로 들어가야 한다.

찬송가 442장 2절과 3절 가사는 새벽기도를 좋아하는 사람들에게는 감동의 눈물이 나오게 할 만큼 은혜스럽다.

"2절) 그 청아한 주의 음성 우는 새도 잠잠케 한다 내게 들리던 주의 음성이 늘 귀에 쟁쟁하다. 3절) 밤 깊도록 동산 안에 주와 함께 있으려 하나 괴론 세상에 할 일 많아서 날 가라 명하신다. 후렴) 주님 나와 동행을 하면서 나를 친구 삼으셨네 우리 서로 받은 그 기쁨은 알 사람이 없도다."

찬송가 364장 1절과 4절을 불러보자. 특히 우리 목회자에게 새벽기도가 얼마나 복스러우며 평안이 스며들고 깊은 은혜의 세계로 이끌어주는가를 새벽마다 맛볼 수 있는 노래요 고백이다.

사실 목양하는 교회의 성도들은 따로 시간을 내어서 기도한다는 것이 쉽지 않다. 그러므로 목회자들은 공적으로 모이는 새벽기도회를 최대한 활용하는 지혜를 발휘하자. 강한 지휘관 밑에는 강한 군사가 양성되는 법이다.

'새벽기도회 목회'야 말로 한국교회가 누리고 있는 엄청난 축복이다. 새벽기도회는 성도들을 '그리스도의 강한 군사'로 양육하고 훈련할 수 있는 놀라운 기회요 방편이다. 사람은 좋은 훈련으로 좋은 습관이 쌓이고 좋은 습관으로 '확실한 자기 정체성'을 확립할 수 있다(딤후 1:8; 2:3).

새벽기도는 하나님께서 한국교회에 허락하신 특별한 선물이다. 새벽기도 목회를 통해 신령한 기쁨과 능력을 충만히 받아 내공이 튼튼한 목회자들이 되시기를 바란다.

목회자와
설교 준비 ①

성경은 인생의 모든 질문에 대해 절대적이고 완전한 대답을 준다(시 119:50, 105; 행 20:32; 요 6:68; 히 4:12~13; 벧전 1:25).

설교는 성경을 통해 인생의 질문에 대해 해석해주면서 사람들이 해답을 찾도록 도와준다. 사람을 치료해 살려내는 의사의 역할이 매우 중요하고 아름답다. 하지만 인생들이 고뇌하고 있는 근원적인 질문에 대해 해답을 얻도록 도와주는 목사의 설교는 더 소중하고 성스럽기까지 하다.

목회자는 먼저 이 명백한 사실을 진심으로 동의하고 확신해야 한다. 목회자를 달리 표현한다면 '설교자'이다. 목회자가 감당해야 할 업무(직무)가 많고 다양하지만 가장 중요한 직무는 '설교'다.

목사는 설교를 잘해야 한다. 뛰어난 설교자, 능력 있는 설교자가 되어야 한다. 사람을 감동시키고 회개하게 하고 변화시켜 새사람으로 태어날 수 있게 하는 것이 설교요, 설교자가 해야 할 최우선의 과제이다. 그런데 문제는 우리가 설교 준비를 충분히 하지 않는다는 점이다.

히브리서 4장 12~13절을 보라

"^{12}하나님의 말씀은 살아 있고 활력이 있어 좌우에 날선 어떤 검보다도 예리하여 혼과 영과 및 관절과 골수를 찔러 쪼개기까지 하며 또 마음의 생각과 뜻을 판단하나니 ^{13}지으신 것이 하나도 그 앞에 나타나지 않음이 없고 우리의 결산을 받으실 이의 눈앞에 만물이 벌거벗은 것 같이 드러나느니라".

성경은 성령께서 설교자에게 주시는 검(칼)이다(엡 6:17). 이 검을 갖고 사람들의 심령과 관절과 골수를 찔러 쪼개어 병든 부위(죄)를 긁어내고 잘라내야 한다. 그래야 심령이 살아난다. 검(칼)을 자유자재로 사용하려면 뛰어난 검투사가 되어야 한다.

우리 목회자들은 정녕 뛰어난 '설교의 검투사'들인가? 검투사는 상대를 쓰러뜨리지 못하면 자기가 칼을 맞고 쓰러진다. 사탄이 우는 사자처럼 두루 돌아다니면서 독 묻은 칼을 휘두르고 있는데(벧전 5:8) 설교자들이 가진 '말씀의 검'이 무디고 녹슬어 있다면 그리고 검술도 서툴기 그지없다면 양떼의 영혼은 어떻게 되겠는가?

주님은 한 영혼이 온 천하보다 더 귀하다고 하신다(막 8:36). 그러니 우리가 맡고 있는 직무는 너무나 중차대하다. 영혼을 살피고 치료하고 살리는 일이 '말씀이요 설교'라고 믿는다면 설교자는 어떠한 수고와 고통을 지불할지라도 설교 연구와 준비에 몰두해야 한다. 혼신의 노력을 다해야 한다. 그리하여 사람들의 양심과 폐부를 예리하게 찌르고 수술해야 한다.

그러면 어떻게 사람들의 심령 속에 깊이 파고들어 확신을 심어줄 수 있겠는가?

나는 요즘 들어 체육 전문가, 예술 전문가, 과학 전문가, 공학 전문가 등의 활약상을 유심히 지켜보면서 큰 감동과 함께 자책하는 마음을 자주 가진다.

각 분야에서 노력과 그 결과물이 어찌나 섬세하고 아름다운지! 감탄사가 저절로 나온다. 그러면서 설교에서 전문가다운 역량을 발휘하고 있는지 자문하게 된다. 위대하고 엄숙한 설교 사역을 너무 밋밋하게 행하고 있지는 않는가?

목사들은 설교를 통해 라오디게아교회가 뜨겁지도 아니하고 차지도 아니하여 미지근(밋밋)하므로 주님의 입에서 토하여 버림당함을 받을 위기에 처해있음을 자주 언급한다(계 3:15~16). 그러나 막상 설교가 뜨겁지도 차지도 아니하여 그저 미지근하게 하고 있지 않은지를 냉정하게 반성해 본 적이 있는가?

혹시 설교를 지켜보시는 성령님께서 매우 힘들어하시고, 목사의 설교를 듣고 있는 성도들이 인내의 한계점에 이를 수 있다는 것을 직시해 본 적은 없는가?

이런 설교의 위기를 느낄 수 있어야 한다. '천천히 가다 보면 더 잘 보인다'라는 말이 있다. 은퇴를 하고 나니 이런 부분이 더 잘 보여 아쉬움이 새롭게 다가온다.

목회자의 보호 아래 있음에도 양떼가 힘을 잃고 시들어가는 이유는 무엇인가? 죄인들의 마음과 눈시울이 뜨거워져서 울고 회개하는 일이 희귀해지는 까닭은 무엇인가? 사람들의 심령이 굳어져 버려서 그렇다고 변명해버리고 넘어갈 수 있는 일인가? 설교에 문제가 많다고 인정을 하고 지금이라도 대책을 세우는 일이 정직한 태도가 아닌가?

사탄과 그의 추종세력들은 성도들을 나태하고 넘어지게 만들고 병들게 하려고 수단과 방법을 가리지 않고 맹렬하게 공격해오고 있다(벧전 5:8; 고후 11:13~15; 마 24:11, 24).

어떻게 해야 하는가? 사탄의 공세보다 더 강한 파괴력을 가진 화력으로 사탄의 진지가 산산조각이 날 때까지 '강력한 말씀의 포탄'을 날림으로써 양떼를 보호하고 살려내야 한다. 이를 위해서 목회자는 사탄의 공세를 압도할 수 있는 화력을 준비해야 한다.

이스라엘이 개발하여 구축해 놓은 '아이언돔 무기'는 상대방의 무차별 기습 침공을 완벽하게 막아내고 침묵시킴으로써 온 세계를 놀라게 했다.

현재 양떼의 영적 상태가 심각한 위기상태임에도 우리 설교자들의 영적 긴장 상태는 그에 상응하지 못하고 있다. 교회는 지금 비상한 시기를 맞고 있다.

혹자는 한국교회의 현상을 '심각한 위기상태'로 진단하면서 비관하고 있다. 이 위기를 잘 극복할 수 있는 첫 번째 해답은 강력한 설교의 회복이다. 영성이 바탕 되는 강력한 설교가 회복되어야 한다. 안이하고 밋밋한 설교로써는 온갖 위험과 위협 속에 놓여 있는 양떼를 제대로 살려 낼 수 없다(겔 34:8, 19).

목회자와
설교 준비 ②

"¹³내가 그것들을 만민 가운데에서 끌어내며 여러 백성 가운데에서 모아 그 본토로 데리고 가서 이스라엘 산 위에와 시냇가에와 그 땅 모든 거주지에서 먹이되 ¹⁴좋은 꼴을 먹이고 그 우리를 이스라엘 높은 산에 두리니 그것들이 그 곳에 있는 좋은 우리에 누워 있으며 이스라엘 산에서 살진 꼴을 먹으리라"(겔 34:13~14).

선한 목자는 양떼에게 좋은 꼴을 먹이려고 최선을 다한다. 하나님께서도 이스라엘 백성들에게 살진 꼴을 먹이고 싶어 하신다. 목회자들이 성도들에게 먹여야 하는 꼴은 '하나님의 말씀인 성경'이다. 성경은 이 세상에서 가장 위대한 '하나님의 말씀 책'이다.

설교는 이 책을 성도들에게 전하고 가르친다. 하나님의 말씀은 '살아 있기'때문에 전파되면 헛되이 돌아오지 않는다(사 45:23). 그러므로 설교자는 성경을 깊이 묵상하고 신중하게 준비하여 진실하게 가르치고 전해야 한다. "주 여호와께서 학자들의 혀를 내게 주사 나로 곤고한 자를 말로 어떻게 도와 줄 줄을 알게 하시고 아침마다 깨우치시되 나의 귀를 깨우치사 학자들 같이 알아듣게 하시도다"(사 50:4). 성도들이 쉽게 이해하고 즐겁게 경청할 수 있도록 명료하게 설교해야 한다(합 2:2).

설교는 창조주시요 전능자시요 절대자이요 인류 역사의 주권자 되시는 하나님의 말씀을 대언하는 것이므로 두려운 사역이기도 하지만 감격스럽기 그지없는 위대한 사역이다.

목회자는 설교를 통해 온 세상 인류가 하나님의 영광을 인정하고 고백하게 될 날이 올 것이라는 희망을 품고 설교해야 한다(합 2:14; 딤후 3:15~17).

설교 준비를 잘할 수 있는 절대적인 비결은 그 누구도 갖고 있지 않을 것이다. 제법 오랫동안 경험한 바를 토대로 나름대로 설교 준비 자세를 정리해 본다.

무엇보다 엄청날 정도로 시간을 많이 배정하라(행 6:4)

목회자가 다른 많은 사역으로 시간을 거의 다 써버리고 주말이 돼서야 허겁지겁 책상 앞에 앉는다면 이것은 순서가 매우 잘못된 것이다. 일의 경중과 선후가 아주 많이 잘못된 것이다.

설교 준비는 한 주간 내내, 아니 매일 매순간 해야 한다. 주제가 정해졌으면 틈틈이 묵상하고 그때그때 기록하고 첨삭하고 정리해 나가기를 계속하라. "너는 진리의 말씀을 옳게 분별하며"(딤후 2:15)라고 했으니 충분하고 정확하게 말씀을 공부하고 준비하여 진리의 말씀을 설교해야 한다.

"나는 감동이 오는 대로 즉석에서 단번에 설교원고 작성을 끝내버린다." 가끔 이렇게 자랑하는 목회자가 있는데, 이는 잘못된 습관이다. 그렇다면 성경에 이런 말씀이 있는 이유가 어디에 있겠는가?

"내가 이를 때까지 읽는 것과 권하는 것과 가르치는 것에 전념하라"(딤전 4:13).

"이 모든 일에 전심전력하여 너의 성숙함을 모든 사람에게 나타나게 하라"(딤전 4:15).

"너는 진리의 말씀을 옳게 분별하며 부끄러울 것이 없는 일꾼으로 인정된 자로 자신을 하나님 앞에 드리기를 힘쓰라"(딤후 2:15).

"그러나 너는 배우고 확신한 일에 거하라 너는 네가 누구에게서 배운 것을 알며"(딤후 3:14).

새벽시간을 활용하라(시 57:8)

감사하게도 한국의 목회자는 새벽을 깨우는 데 익숙하다. 성경도 새벽을 아름답게 묘사한다(시 46:5, 57:8, 110:3, 119:117; 잠 8:17; 막 1:35).

"내가 날이 밝기 전에 부르짖으며 주의 말씀을 바랐사오며"(시 119:147).

"주의 말씀을 조용히 읊조리려고 내가 새벽녘에 눈을 떴나이다"(시 119:148).

새벽기도회 시간에 이어 아침 시간을 말씀 묵상과 공부, 설교를 준비하는 데 써 보라. 아침 식사는 교회(목양실)에서 아주 소박하게 시늉만 내라. 새벽에서 아침 시간 그리고 할 수 있으면 오전 시간 내내 교회(목양실)에서 '기도하고 공부하는 습관'을 몸에 배게 하라. 매일 하다 보면 엄청난 시간을 설교 준비에 쏟을 수 있으며 목회자 자신이 '말씀 연구(묵상)의 기쁨'에 깊이 빠져들게 된다.

시편 119편 103절, 욥기 23장 12절, 디모데전서 4장 5절 말씀이 온몸으로 녹아든다.

무엇보다 성경에 능통(能通)하라(엡 6:17)

한마디로 '성경 박사'가 되자. 목회의 무기는 성경이므로(엡 6:17; 딤후 3:15~17; 4:13) 목회자는 성경을 '능숙하게' 사용해야 한다. 성경은 성령께서 사용하시는 검(칼)이다. 이 검을 위탁받은 목회자가 실력이 능수능란하지 않으면 검을 잘못 휘둘러 생명(영혼)을 상처 입히거나 심한 경우에는 죽일 수도 있다.

다윗은 소년 시절에 완벽하고 정확한 물매(sling) 투척 전문가였다. 다윗은 물맷돌로 거인 골리앗의 이마를 명중시켜 쓰러뜨렸다(삼상 17:48~50). 이미 그는 물맷돌로 사자나 곰을 격퇴해서 양떼를 지켜냈다(삼상 17:34~35).

다윗은 평소에도 매일 수십, 수백 번 투척 연습을 했으리라. 성경을 수없이 읽고 묵상하다 보면 고구마가 줄기에 연달아 달려 나오듯 성경 여기저기에서 말씀이 서로 연결되어 깊이와 확신이 더해지는 설교가 태어날 것이다(사 34:16).

설교의 전달을 두고 성령님께 간절히 기도하라(눅 24:32)

설교는 신령한 진리를 사람들의 영혼을 향해 외쳐야 하므로 성령님의 도움 없이는 역사가 일어날 수 없다(행 6:10; 슥 4:6). 간절함과 겸손함으로 설교를 도와달라고 기도하라(요 16:7; 막 9:29; 행 10:44).

목회자와
설교 준비 ③

설교는 말씀의 밀가루에 기도의 눈물로 반죽을 하여 성령의 불로써 구워 내는 것이다. 온갖 재료를 넣고 오랜시간 우려낸 육수로 만든 음식은 구수하고 깊은 맛이 있다. 육수를 쓰지 않고 맹물로 만든 음식은 맛이 없다. 둘 사이의 맛은 천양지차가 난다. 따라서 식객은 금세 알아차린다.

도예공이 도자기 굽는 것을 지켜보라. 작품을 만들어 초벌구이, 두벌구이 과정을 거치는데 엄청난 인내심을 갖고 자신의 열정을 다 쏟아붓는다. 최고 절정 때의 온도는 2천도에 달하는 가마불의 적정온도 유지를 위해 먹지도 않고 가마 곁에서 밤을 꼬박 새운다. 온전한 도자기 작품을 구워내기 위해 쏟아붓는 도예공의 헌신과 마음 자세는 마치 '근엄한 종교의식'을 수행하는 것처럼 보인다.

우리의 설교 준비는 여기에 비해 열정, 헌신, 정성, 마음가짐 등에서 부족한 건 아닌가? "네 양떼의 형편을 부지런히 살피며 네 소떼에게 마음을 두라"(잠 27:23). "너는 진리의 말씀을 옳게 분별하며 부끄러울 것이 없는 일꾼으로 인정된 자로 자신을 하나님 앞에 드리기를 힘쓰라"(딤후 2:15).

설교 작성에 이어 '설교 전달'에 대해 이야기 해 보자

1) 설교내용(원고)을 충분히 숙지하라.

회중이나 청중 또는 강의실에 모인 학생들의 입장에서 볼 때 강사, 연사, 교사가 '무슨 내용을 말하는지, 무엇을 강조하는지, 핵심내용이 무엇인지'가 이해되지 않는다면 낭패다. 설교자는 준비한 설교 내용을 한 주간 내내 계속 읽고 묵상하고 숙지하여 명료하고 정확하게 설교할 수 있어야 한다.

2) 설교 원고에 매이지 말고 자유하라.

회중(청중)의 입장에서 매우 갑갑하고 답답한 것은 설교자가 원고를 너무 들여다보거나 아예 원고만 내려다본 채 설교를 마쳐버리는 것이다. 설교는 낭독이 아니고 선포하고 외치는 것이다. 그러므로 회중(청중)을 똑바로 바라보면서 선포하고 외치라. 그리할 때 말씀과 함께 설교자의 마음, 간절함, 영적 기운이 동시에 뿜어져 나와 청중에게로 전달된다. 설교자는 심리적으로나 영적으로 당당해져야 소신껏 설교할 수 있다.

3) 설교자의 얼굴은 어쩔 수 없이 회중(청중)에게 집중적인 주목을 받는다.

비상시에는 어쩔 수 없으나 평상시에는 단정한 얼굴을 하고 강단에 올라가야 한다. 가끔 설교자가 두발 정리를 하지 않아서 머리카락이 눈을 가리므로 청중이 설교에 집중하지 못하고 설교자의 얼굴 모양에 신경을 쓰게 된다.

4) 설교자는 두 팔을 강대상 위 양쪽으로 올려놓는 것을 삼가 해야 한다.

회중들이 보기에도 좋지 않을 뿐 아니라 예의에도 어긋난다. 특히 젊은 목회자로서는 더욱 예의가 아니다. 두 팔을 강대상 아래로 내리고 강조하거나 꼭 필요한 경우에 팔(손)을 내밀되 싸울듯한 자세는 피하고, 특히 무엇을 가리키려고 할 경우에는 손가락 하나만으로 가리키지 말고 (큰 결례다!) 손 전체를 동원하여 가리키는 것이 예의상으로도, 미관상으로도 좋다.

5) 설교하는 음성을 억지로 특정 설교가의 목소리를 흉내 내거나 가식, 과장되어 보이는 목소리를 삼가야 한다.

설교내용의 신뢰도까지 떨어뜨리게 된다. 하나님께 받은 타고난 자기 목소리로 설교하는 것이 설교자와 회중 모두에게 자연스럽고 편하다.

6) 설교자의 시선은 회중을 똑바로 볼 수 (직시) 있어야 한다.

예배실 공간이 넓으면 좌우를 가끔 바라보면서 설교하라. 교감과 공감이 잘 이루어지게 된다. 영상 자료를 활용하면 이 부분이 쉽게 해결될 수 있다.

7) 설교는 청중이 알아듣기 쉽고 이해가 잘 돼야 좋은 설교다

그러려면 특히 '발음'을 정확하고 분명하게 하자. 예를 들어 경상도 사람들은 신경을 쓰기가 불편해서인지 그냥 수월하게 발음해 버리는 경우가 많다. 가령 휘장, 아쉽다, 귀중품, 회오리, 튀김, 속죄, 퓨전, 펭귄, 권리, 당회, 최고, 퇴근, 경제, 근원, 회심, 의롭다 등 이런 단어는 주의해서 발음해야 한다. "만일 나팔이 분명하지 못한 소리를 내면 누가 전투를 준비하리요"(고전 14:8).

8) 무의미한 우스개 이야기, 실없는 농담을 피하라

세속에서 일어나는 극단적인 타락 현상들을 강단에서 세밀하고 노골적으로 소개하거나 인용하는 것도 피하라. "악은 모든 모양이라도 버리라고 한다"(살전 5:22).

설교자가 자신의 설교를 반신반의하듯이 설교하면 누가 그 설교에 감동하거나 은혜를 받겠는가? 최선을 다해 준비하고 설교하면 반드시 반응이 일어난다(시 119:50; 사 45:23, 50:4).

설교자들이여, 설교의 능력을 믿고 확신에 찬 설교를 하라.

목회자와
설교 준비 ④

목회자의 사역 중에 말씀전파(특히 설교)의 중요성을 거듭 강조했다. 이제 '말씀을 듣는 성도'(회중·청중)에게 부탁하고자 한다. 성경을 보아도 그러하고 목회현장에서도 다음과 같은 사례를 만난다.

① 말씀선포(설교)를 건성(목표 없이, 목적의식 없이, 무성의하게)으로 듣는 사람 … 한때의 유행이나 구경거리로 여기면서 잠시 기웃거리다가 흩어지는 사람들(마 11:7~8; 요 6:60; 행 24:24~26)

② 말씀(설교)을 비웃거나 힐난하는 사람 … 부정적 사고를 지닌 서기관과 바리새인들(막 8:11; 행 11:2)이 이에 해당한다.

③ 말씀(설교)을 강력하게 반발, 비난, 공격, 파괴하는 사람 … 유다 왕 요아스(대하 24:20~22)를 보라.

이렇게 대략 세 부류로 나눌 수 있다. 참 안타깝고 슬픈 일이다.

아담의 후손으로 태어나 살고 있으니 우리 속에 도사리고 있는 죄성을 어찌하겠는가? 그러나 자유의지를 조금이나마 일깨우고 개발하여 하나님의 말씀을 비웃거나 거부하거나 심지어 대적하려고 하는 사악한 성향은 최대한 막아내자.

죄의 형태가 수없이 많으나 가장 사악한 죄 중의 하나는 하나님의 말씀(설교)을 훼방하고 대적하는 일이다(민 14:1~10, 16:1~3; 행 7:57~59). 모세가 하나님의 말씀을 대언할 때 그리고 스데반이 설교를 할 때 일부 청중들은 극렬하게 대적했다. 타락한 인간의 본성은 하나님의 말씀 듣기를 싫어한다. 하나님의 말씀대로 살기는 더욱 싫어한다. 인간은 이 정도에서 멈추지 않고 하나님의 말씀에 역행하기를 서슴지 않는다.

많은 사례 중 특히 두 가지는 사람의 생명을 죽이는 '살인'과 '동성애'이다. 오늘날은 동성애 행위를 죄악시하기는커녕 오히려 자랑하고 보란 듯이 시위까지 하고 있다. 이 행위가 양심적으로 상식적으로 인륜으로 그리고 무엇보다 하나님의 창조질서를 정면 도전하는 악한 것이다.

참 이상하다. 왜 인류는 사는 길, 옳은 길, 바른길을 버리고 굳이 패륜의 길과 망하는 길을 걸으려고 하는가? 인간 내면에 무서운 죄성이 도사리고 있다는 것과 그 배후에 사탄(마귀)이 집요하게 역사하고 있다는 사실 말고는 달리 설명할 길이 없다.

불행과 비극을 극복할 수 있는 길은 '하나님의 말씀'뿐이다. 하나님의 말씀만이 병든 우리를 치유하고 살려낼 수 있다(딤전 4:5; 딤후 3:16~17; 히 4:12~13). 그러므로 성경을 해석하고 설교하며, 설교를 경청하는 것은 신앙생활에서 너무나 중요하고 복된 일이다.

그럼 성경은 우리를 향해 어떤 자세로 하나님의 말씀을 들으라고 하는가?

1) 말씀을 듣는 것은 큰 복인 줄로 믿는 것이 중요하다

무엇이 복인가? 얼마나 많은 복이 있는가? 그러나 우리는 꼭 알아야 한다. 하나님의 말씀 듣는 것보다 더 큰 복은 없다. 성자는 예배 그 자체가 복이요 말씀 그 자체가 복임을 알아야 한다(시 1:1~3; 계 1:3; 마 13:16~17).

2) 말씀을 들으면 내가 살아난다(시 119:40)는 것을 믿자

특히 말씀을 자주 묵상하자. "이 말씀은 나의 고난 중의 위로라 주의 말씀이 나를 살리셨기 때문이니이다"(시 119:50). 말씀을 들으면 내 영혼과 심성과 육체까지 그 생명력이 살아난다고 약속한다. 이보다 감사한 일이 어디 있는가!

3) 말씀을 계속 들어야 믿음이 성장한다(롬 10:17)는 것을 믿자

학문도 그러하고 운동도 그러하고 사업도 그러하다. '꾸준함'이 중요한 열쇠. 말씀을 꾸준히 듣다 보니 어느새 믿음이 성장하였다는 고백들을 듣는다(딤전 4:5; 마 4:4).

4) 말씀 듣기를 사모하고 잘 반응하자(시 119:40, 103, 131, 147~148)

"그들과 같이 우리도 복음 전함을 받은 자이나 들은 바 그 말씀이 그들에게 유익하지 못한 것은 듣는 자가 믿음과 결부시키지 아니함이라"(히 4:2). 예배 시간에 말씀이 선포될 때 그 말씀에 자신을 결부(結付)시키고 화합(和合)하라. '설교(말씀)와 잘 지내라'는 뜻이니 말씀을 사모하고 잘 반응하라는 것이다. 말씀 속으로 빠져들라는 것이다(욥 23:12; 살전 2:13; 요 6:68). 이방인으로서 로마군 장교 고넬료는 이 점에서 큰 모범이다(행 10:22~23).

5) 말씀 듣기를 즐기자

"[39]그에게 마리아라 하는 동생이 있어 주의 발치에 앉아 그의 말씀을 듣더니; [42]몇 가지만 하든지 혹은 한 가지만이라도 족하니라 마리아는 이 좋은 편을 택하였으니 빼앗기지 아니하리라 하시니라"(눅 10:39, 42).

일(작업)이나 운동(스포츠)을 예로 들어보자. 처음 시작하여 초보 과정을 밟을 때는 의무감으로 느껴져 재미는 없고 힘만 든다. 그러다가 어느 단계로 접어들면 '즐기게' 된다. 이것은 경험해 본 사람만이 알 수 있는 이야기다. 말씀을 잘 듣다 보면 어느 시점부터는 말씀 듣는 것을 즐길 수 있다. 삼손의 꿀 이야기가 그러하고(삿 14:14) 드로아(Troas)의 어느 집 다락방에서 바울 사도의 설교를 거의 밤새도록 즐겨듣던 드로아교회 성도들의 미담이 그러하다(행 20:6~7).

6) 간절한 마음으로 말씀을 받자

"베뢰아에 있는 사람들은 데살로니가에 있는 사람들보다 더 너그러워서 간절한 마음으로 말씀을 받고 이것이 그러한가 하여 날마다 성경을 상고하므로"(행 17:11). 여기서 우리가 주목할 것은 '간절한 마음으로'(heartily)와 '말씀을 받고'(welcomed the message)이다.

우리가 다시 한번 말씀 받는 자세를 점검할 때가 됐다. 설교를 들을 때 '간절함'이 있어야 하겠다. '간절함'을 NIV성경에서는 "great eagerness"(큰 열심)이라 한다. '커다란 열심으로 말씀을 환영하는' 자세로 설교 듣는 성도를 성경은 '신사적인 신자'(noble character)라고 한다.

7) 회중이 말씀(설교)을 잘 받아들이는 참 아름다운 장면으로 에스라와 느헤미야를 소개하고 싶다

"모든 회중이 큰 소리로 대답하여 이르되 당신의 말씀대로 우리가 마땅히 행할 것이니이다"(에 10:12).

"³수문 앞 광장에서 새벽부터 정오까지 남자나 여자나 알아들을 만한 모든 사람 앞에서 읽으매 뭇 백성이 그 율법책에 귀를 기울였는데, ⁵에스라가 모든 백성 위에 서서 그들 목전에 책을 펴니 책을 펼 때에 모든 백성이 일어서니라, ⁹백성이 율법의 말씀을 듣고 다 우는지라 총독 느헤미야와 제사장 겸 학사 에스라와 백성을 가르치는 레위 사람들이 모든 백성에게 이르기를 오늘은 너희 하나님 여호와의 성일이니 슬퍼하지 말며 울지 말라 하고"(느 8:3, 5, 9).

목회자와 노회의 관계

"보라 형제가 연합하여 동거함이 어찌 그리 선하고 아름다운고"(시 133:1).

"철이 철을 날카롭게 하는 것 같이 사람이 그의 친구의 얼굴을 빛나게 하느니라"(잠 27:17).

"⁹두 사람이 한 사람보다 나음은 그들이 수고함으로 좋은 상을 얻을 것임이라 ¹⁰혹시 그들이 넘어지면 하나가 그 동무를 붙들어 일으키려니와 홀로 있어 넘어지고 붙들어 일으킬 자가 없는 자에게는 화가 있으리라 ¹¹또 두 사람이 함께 누우면 따뜻하거니와 한 사람이면 어찌 따뜻하랴 ¹²한 사람이면 패하겠거니와 두 사람이면 맞설 수 있나니 세 겹 줄은 쉽게 끊어지지 아니하느니라"(전 4:9~12).

사람은 혼자 살 수 없고 혼자서 일을 해낼 수 없다. 독불장군은 없으며, 백짓장도 맞들면 낫다. 아담 홀로 지내는 것이 보기가 좋지 않아 동역자로 하와를 보내주셨고 아브라함 옆에 조카 롯이 있었다.

아브라함은 롯이 소돔으로 떠난 후 매우 울적했다. 모세는 옆에 아론, 훌, 여호수아, 갈렙이 있었기에 힘든 출애굽 대업을 지휘해 낼 수 있었다. 하나님께서는 우리가 함께 서로 위로, 격려, 보완, 협력하면서 목회하기를 기뻐하신다.

"12누구든지 네 연소함을 업신여기지 못하게 하고 오직 말과 행실과 사랑과 믿음과 정절에 있어서 믿는 자에게 본이 되어 13내가 이를 때까지 읽는 것과 권하는 것과 가르치는 것에 전념하라 14네 속에 있는 은사 곧 장로의 회에서 안수 받을 때에 예언을 통하여 받은 것을 가볍게 여기지 말며 15이 모든 일에 전심 전력하여 너의 성숙함을 모든 사람에게 나타나게 하라"(딤전 4:12~15).

성경을 자세히 들여다보면 초대교회 사도들부터 특정인이 독주하지 않는다. 목회자들은 서로 보완하고 격려, 협력하면서 교회를 세우되 건강하게 세워나갔다.

사도행전 15장에는 기독교 제1회 '세계교회공의회'라 할 수 있는 주요 회의가 열렸다. 할례, 이방인 세례, 교회 재정, 어려운 교회 지원, 음식 문제 등을 다뤘다.

어찌 보면 평범해 보이는 안건도 있는데 사도들과 교회 지도자들은 누구 혼자서 독단하지 않고 상당한 시간과 노력을 들여 진지하게 의논하고 토의했다. 특히 디모데전서 4장에서는 '목회자와 노회와의 관계'를 가르치고 있는데 오늘의 목회자들을 위해 매우 중요한 1차 자료다.

특히 "장로의 회에서 안수 받을 때에"(딤전 4:14)에서 보듯이 목회자는 '장로의 회 곧 노회'에서 임직안수를 받음으로 목사의 직임을 시작한다. 그러니 목사의 행정적 출처는 노회다. 목회자는 교회 앞에 자신이 노회를 통해 공인된 목사임을 보여주어야 한다. 이로써 신뢰가 형성되고 영적인 권위와 지도력이 주어진다. 노회는 목사에게 울타리요 보호막이요 건강검진소와 같다.

간혹 자신을 목회자로 세워주고 지켜주는 노회를 소홀히 여기고 쉽게 불평하거나 비난하는 이를 보게 된다. 물론 노회도 불완전할 수 있고 실수할 때도 있을 것이다. 그러나 우리는 원칙적으로 노회를 존중하고 아끼고 겸손히 지도를 받을 수 있어야 한다.

전도서 4장 9~12절의 말씀처럼 사람은 독불장군으로 살아갈 수 없다. 간섭이나 충고, 책망도 거부한 채 독단적으로 목회하면 당장은 편하고 쉬울 수 있지만 얼마 못 가서 훨씬 많은 부작용과 폐단이 계속 발생할 것이 틀림없다. "나는 전혀 불편이 없는 걸요." 이렇게 주장한다면 당신은 이미 영적으로 위험한 상태로 접어들고 있다.

완전한 인간은 단 한 사람도 없다. 독재자가 생기고 이단이 발생하는 이유는 무엇인가? 자신의 유한성, 불완전함, 오류 가능성, 연약함, 인간의 부패 타락을 인정하지 않는 데서 기인한다.

사울 왕은 사무엘 선지자, 아들 요나단, 충성스러운 다윗, 제사장 아히멜렉의 신실하고 올바른 '충고, 권면, 설득, 경고'를 다 배격한 채 자기 욕망과 자기 판단이 절대적으로 옳다고 굳게 믿고 힘으로 밀고 나갔다. 그 결과는 자신과 아들들이 참혹하게 몰락했을 뿐 아니라 자신이 왕으로서 책임져야 할 나라의 안위마저 풍전등화의 처지가 되고 말았다(삼상 31:1~6).

목회자 역시 자기중심적이고 자기 독단에 빠지기 쉽다. 그러므로 노회와 총회에 소속돼 동역자들과 토의하고 협력하고 가르치고 배우면서 목회해야 한다.

잠언 27장 17절에 사람이 친구의 얼굴을 빛나게 한다고 한다. 친구가 없으면 내 얼굴이 빛날 수 없다. 친구가 왜 좋고 필요한가? 친구는 내 인생의 '반면교사'다.

노회와 총회가 좋은 것은 그 안에 좋은 친구(동역자)가 많다는 것이다. 돈으로 얻을 수 있는가? 내가 노력하여 얻을 수 있는가? 노회 안에, 총회 안에 내가 소속되면 자연스럽게 많은 동역자(선후배 목회자, 장로)를 얻는다. '친구 따라 강남 간다'라는 말은 강남까지 함께 갈 수 있는 친구가 생겼다는 뜻이다. 그러니 목회자는 노회, 총회를 귀하게 여기자.

사람은 자기 스스로 자기 얼굴을 볼 수 없다. 거울을 통해서만 볼 수 있다. 나보다 내 옆의 친구가 나를 더 잘 볼 수 있다. 노회는 목회자를 신뢰하고 공인해주는 울타리일 뿐 아니라 선의에서 감시하고 견제하는 제어장치 역할도 해 준다. 자동차에 가속 페달과 엔진이 있으면서 동시에 변속기와 제동(stop)장치도 있는 이치와 같다.

앞의 디모데전서 4장 12절을 보면 "업신 여기지 못하게 하고, 본이 되어"라고 한다. 목회는 혼자 하는 것이 아니고 더불어 하는 것이고 그렇기에 서로서로 의식하고 신경 쓰고 조심하면서 움직여야 건강한 목회를 할 수 있다.

목회자도 사람인지라 동역자들 속에서 선의의 경쟁을 하듯이 실력 향상과 자기 발전을 위해 치열하게 공부하고 노력해야 하는데 노회, 총회라는 조직 속에 있을 때 동기부여가 훨씬 강해진다(딤전 4:13). 노회, 총회라는 제도 안에 있으므로 늘 자신을 경계하면서 겸손해질 수 있다(딤전 4:14). 좋은 의미에서 노회, 총회 안에 나를 지켜보는 눈이 많으므로 전심전력하여 자기 성장을 꾀할 수 있다(딤전 4:15). 나 혼자가 아니고 동역자들과 노회, 총회가 지켜보면서 지지하고 성원해주기 때문에 목회 여정을 계속 달려갈 수 있다(딤전 4:16).

목회자와 동역자

사람은 아무도 혼자서 살 수 없고 혼자서 일할 수도 없다. 그런데 세상에는 독불장군들이 더러 있다. 사람은 똑똑하면서도 때로 착각하기를 잘한다. 혼자서 모든 것을 다 해낼 수 있다고 생각한다. 그래서 팔방미인이란 말도 생겨났겠으나 이는 사실이 아니다. 엄지손가락이 하는 일이 있고, 새끼손가락만이 할 수 있는 일이 있다. 눈이 할 수 있는 일이 있고, 발이 할 수 있는 일이 있다. 그러므로 누구의 도움도 필요 없이 나 혼자서 다 해낼 수 있다고 큰소리치는 사람만큼 어리석은 사람도 없다.

남자가 "나는 여자가 필요 없다!"라고 하거나, 여자가 "나는 남자가 필요 없다!"라고 큰소리칠 수 있다. 하지만 말도 안 되는 소리다. 하나님께서 사람을 창조하실 때 남자와 여자로 창조하시며 "서로 돕는 배필이 되라"고 하셨다(창 2:18).

무슨 뜻인가? 남녀 사이에 서로의 도움 없이는 살아갈 수 없다는 뜻이다. "그러나 주 안에는 남자 없이 여자만 있지 않고 여자 없이 남자만 있지 아니하니라"(고전 11:11).

남자와 여자가 '함께 할 때 온전함'을 이룰 수 있다는 것이다. "생육하고 번성하여 땅에 충만하라"(창 1:28)면서 사람을 축복해주셨는데 남자와 여자가 결혼해서 협력해야 생육하고 번성할 수 있다.

비단 남녀 사이 즉 부부관계뿐 아니라 삶의 모든 영역과 분야에서 사람은 마음과 뜻과 힘을 함께 모으고 서로 협력해야만 살아갈 수 있다(시 133:1, 전 4:9~12).

노아가 방주를 지을 때 세 아들이 함께했다. 아브라함 옆에 롯이 있었다. 모세 옆에 아론과 훌, 여호수아와 갈렙이 있었다. 나중에는 십부장, 오십부장, 백부장, 천부장 같은 많은 동역자를 세웠다. 다윗은 물론 뛰어난 인물이었으나 그의 곁에 4백 명 또는 6백 명의 동역자들이 있었다.

바울은 다메섹 도상에서 그 누구도 경험해보지 못한 신비한 체험을 했으나 혼자서 사역하지 않았다. 의사 누가, 디모데, 마가, 실라, 디도를 비롯하여 많은 동역자를 두었다. 특히 마가는 한때 스승 바울을 크게 실망하게 한 적이 있었다(행 15:37~40). 그러나 훗날 그러한 마가도 자신의 사역에 꼭 필요한 인물이므로 재차 불러서 동역자로 삼았다(딤후 4:11).

이처럼 성경에서 대략 살펴본 것만 하더라도 서로 동역자가 필요하고 또한 동역자가 되어 주어야 한다는 것을 확실히 알 수 있다.

목회자에게 동역자는 누구이며 서로 어떻게 조화와 배려를 하면서 효과적으로 사역할 수 있는가? 현실적으로 소박하게 다루어 보기로 하자. 세밀한 것은 미루고 일반적인 것으로 다뤄보자.

1) 부교역자

담임목사 대부분은 부교역자로 섬겨 보았고 또한 부교역자들을 초빙하여 동역도 한다. 교회 목양의 주요 내용은 예배, 교육, 훈련, 돌봄(심방, 상담, 치유), 기도, 긍휼 사역, 목회 행정, 전도, 선교, 청소년과 어린이 양육 등이다. 은사에 맞게 부교역자를 배치하여 사역하도록 하는 일은 목회자가 감당해야 할 중요한 목회 지도력이다. 부교역자가 자신의 재능을 마음껏 발휘하여 사역을 수행하도록 지지 격려해 줄 뿐 아니라 장차 담임목사보다 더 탁월하게 하나님의 나라를 위해 쓰임 받을 수 있도록 "내가 진실로 진실로 너희에게 이르노니 나를 믿는 자는 내가 하는 일을 그도 할 것이요 또한 그보다 큰일도 하리니 이는 내가 아버지께로 감이라"(요 14:12)의 정신으로 밀어주고 훈련 시켜야 한다.

"⁷모세가 여호수아를 불러 온 이스라엘의 목전에서 그에게 이르되 너는 강하고 담대하라 너는 이 백성을 거느리고 여호와께서 그들의 조상에게 주리라고 맹세하신 땅에 들어가서 그들에게 그 땅을 차지하게 하라 ⁸그리하면 여호와 그가 네 앞에서 가시며 너와 함께 하사 너를 떠나지 아니하시며 버리지 아니하시리니 너는 두려워하지 말라 놀라지 말라"(신 31:7~8).

2) 당회(장로)

당회는 2부 13장의 '당회를 즐겨라'를 참고하라.

3) 순장 또는 구역장

오랜 목회 경험을 통해 고백하고 싶은 '감사의 인사'가 있다. 그동안 나와 함께 최선을 다해 순장(구역장)으로 교회를 섬겨주던 분들을 향해 고백하고 싶다. 맡겨진 사랑방(평균 10여 가정) 식구들을 찾아보고 돌보고 아픔과 슬픔을 함께하고 때로 밤잠을 설쳐가면서 곁을 지켜주고 함께 기도해 주던 그 헌신은 목회자를 감동하게 하고 때로는 목회자를 부끄럽게 할 만큼 지고지순했다. 실로 최고의 동역자다.

4) 교사

성경에서 그리고 2천 년 기독 교회사에서 교회가 수행해야 할 막중한 소임 중 한 가지는 '다음세대 신앙 양육'이다(신 6:4~9; 수 24:1, 14~15; 느 12:43; 시 78:1~5; 마 28:19~20). 한국교회를 보라. 참으로 신실한 교회 교사들이 주일학교를 맡아 다음세대를 가르치고 양육하고 있다. 이들은 다음세대를 위하여 시간, 물질, 정성을 쏟아 헌신하는 위대한 동역자들이다.

5) 행정(사무)실 간사

교회 대부분이 행정(사무)실을 갖고 있다. 이 행정실 운영을 위해 사무간사를 두고 있다. 교역자들이 교회 성도들의 전·출입, 성도들의 가족 돌보기, 성도들의 애경사, 교적부 관리, 교회의 대외관계(노회, 총회, 선교사…) 등을 다 감당할 수 없다. 그래서 간사를 두어 이런 업무들을 전문적으로 수행하게 하므로 목회가 효율적으로 이루어지게 된다. 당회

서기가 행정실을 지원함이 자연스럽다.

6) 교회 관리집사

필자는 관리집사를 부교역자처럼 귀히 여기면서 격려했다. 교회의 궂은일, 구석진 곳을 세밀하게 살피고 찾아 원상복구 하는 등 교회 공동체의 모든 공간을 회중들이 편리하게 이용할 수 있도록 관리한다. 관리집사의 헌신으로 말미암아 교회의 모든 하드웨어가 원활하게 작동한다. 목회자는 관리집사와 행정간사를 동역자로 여겨 축복하고 격려함으로 보람과 자부심을 갖고 사역하게 할 수 있다.

목회자와 목회지 이동

　　목회하는 중에 '목회지 이동' 문제가 일어날 수 있다. 목회자도 사람이다. 새로운 목회지로의 이동을 한두 번 생각해 보지 않은 목회자는 없을 것이다.

　　대부분의 경우가 그렇듯이 목회지 이동 문제도 장단점이 있다. 한 곳에서 오래 목회를 하다 보면 사람인지라 타성(惰性)에 젖을 수 있다. 어느 시점부터는 안일함으로 인해 의욕과 열정이 사라질 위험 상황으로 빠져들 수 있다. 그래서 '변화의 필요성'을 이야기하면서 그 방법의 하나로 '목회지 이동'을 거론한다. 그러나 분명한 것은 목회자에게 있어서 '목회지 이동'은 매우 신중해야 한다는 것이다. 특히 신앙의 연륜이 짧거나 영적으로 아직 어린 양떼 중에는 목회자의 이동(떠남) 때문에 상처 받고 낙심하여 교회에서 멀어지는 경우가 더러 일어난다.

　　주님께서도 말씀하신다. "누구든지 나를 믿는 이 작은 자 중 하나를 실족하게 하면 차라리 연자 맷돌이 그 목에 달려서 깊은 바다에 빠뜨려지는 것이 나으니라"(마 18:6). 물론 목회지 이동이 긍정적 효과를 가져올 수 있다. 사람은 불완전하므로 함께 오래 같이 지내다 보면 갈등과 마찰을 일으킬 수 있다. 이것이 성숙하게 해소되어 목회가 계속 순항을 계속한다면 더 바랄 것이 없겠으나 그렇지 못하면 피차 에너지만 낭비하면서 교회가 적지 않은 손해를 보게 된다.

군종장교(군목)로 복무하면서 느꼈던 점이 있다. 장교들은 평균 2~3년 주기로 근무지를 옮긴다. 전국 어느 부대로 가더라도 업무 수행에는 지장이 없어서 자기 발전과 신선한 분위기를 조성하는데 유익함이 있어 보였다.

종교계를 보면 로마교회는 사역지 순환 근무를 원칙으로 하며 개교회 회중 전체의 요구가 있으면 사역자를 교체시켜주는 것으로 안다. 이로써 사역(목회)자와 교회 회중 간의 갈등과 마찰을 미연에 방지한다.

성경에 보면 선지자 예레미야가 '사역지 이동'을 시도하는 경우를 보게 된다. 물론 아주 특별한 시대적 상황 때문임을 염두에 두면서 살펴보자.

하나님께서는 예레미야에게 '예루살렘에서' 사역(목양)하라 하셨다(렘 34:1, 2; 35:12~13). 예레미야는 매우 어려운 상황 가운데서도 열심히 말씀을 증거하고 목회했다. 그러나 예루살렘 성 안의 왕과 고관들과 백성들은 '설교'를 잘 듣지 않으니 그는 시간이 흐를수록 지치고 낙심한다.

목회자는 목회 환경이 힘들어도 회중이 하나님의 말씀 선포(설교)를 기쁘게 잘 받으면 힘이 나서 즐겁게 목회한다(살전 2:13, 17). 참고 버티다가 의욕을 잃은 선지자는 귀향(낙향)을 시도하다가 체포당하고 만다(렘 37:12~13). 그리고 거짓 선지자들의 미움을 받아 쥐도 새도 모르게 죽임을 당할 위기에까지 몰린다(렘 37:15~16).

우리는 예레미야의 경우를 보면서 교훈을 발견한다. 하나님께서 분명하게 강권적으로 이동시키는 것이 아니라면 지금의 목회지를 지켜야 한다.

우리의 마음은 간사하다. 조상 아담과 하와를 보라. 에덴동산에는 '선악과' 못지않게 아름답고 맛있는 과일들이 얼마든지 널려 있었다. 그럼에도 굳이 그들은 '선악과'를 탐내며 따먹었다. 기대했던 달콤한 맛은커녕 쓰디쓴 후회와 낭패만 돌아왔다.

예레미야는 '예루살렘은 목양의 반응이 전혀 없으니 고향 베냐민 땅으로 귀향하리라'(렘 37:12) 하고 나섰다. 그러나 이내 큰 낭패에 처한다(렘 37:13).

무엇이 문제인가? 예레미야가 예루살렘으로 부임할 때는 하나님의 지시를 따랐다. 그러나 사역을 중도에 하차하고 떠날 때는 '자기 의지'로 떠났다. 결과는 어떠한가? 기대와는 전혀 다르게 냉대와 수모가 기다리고 있었다(렘 37:14~15).

속담에 "늑대를 피했더니 호랑이가 기다리고 있더라"는 말이 있다. 예수님께서도 고향을 생각하여 나사렛을 찾았으나 오히려 배척만 당하셨다(마 13:57). 예레미야는 이런 생각에 잠겼으리라. '차라리 예루살렘 사역지를 계속 지켰더라면…'(렘 37:20~21).

목회지 이동에 너무 집착하지 말고 다음 몇 가지 원칙을 붙들고 신실하게 목양에 전념하자. 그리고 하나님의 뜻이라면 목회지 이동뿐만 아니라 더 은혜로운 방향으로 하나님의 선한 손이 이끌어 주실 것이다.

"첫째 달 초하루에 바벨론에서 길을 떠났고 하나님의 선한 손의 도우심을 입어 다섯째 달 초하루에 예루살렘에 이르니라"(에 7:9).

① 성도를 천국까지 안내하는 안내자는 '성령님과 말씀'이다(요 16:7; 행 20:32). 목회자는 이 두 안내자를 수종 드는 직무를 맡은 자이다. 목회자는 이 목양의 정체성을 늘 명심하고 상기하면서 목양에 전념하자(잠 27:23).

② 가장 아름다운 '생명의 복음'(롬 1:16)을 증거 하는 '목회자'로 살고 있는 것으로 만족하자(행 20:24; 롬 10:15; 엡 4:11; 딤전 1:12).

③ 나무를 자꾸 여기저기 옮겨 심다 보면 뿌리를 내리지 못해 말라 죽는다. 한 자리에 오래오래 심어두고 물을 주면서 지켜보면 10년, 20년, 30년 지나 비로소 거목이 된다. 성도들의 신앙도 견고해지고 목회자도 신뢰받는 인물이 된다.

④ "남의 떡이 더 커 보인다"라는 말이 있다. 커 보일 뿐 사실 비슷하다. 기대가 크면 실망도 크다는 말이 있다. 별수 없다. 다 비슷하다. 우리 모두 다 죄인이다. 너무 기대도 말고 너무 실망도 말라. 예수님의 이 말씀이 의미심장하다(요 2:24). 그러니 차라리 그동안 서로 어느 정도 '적응'된 지금의 사역지에서 꾸준히 목양할 때 심은 대로 거두게 되는 아름다운 열매들을 눈으로 보게 된다.

"스스로 속이지 말라 하나님은 업신여김을 받지 아니하시나니 사람이 무엇으로 심든지 그대로 거두리라"(갈 6:7).

목회 비전 정하기

예수님께서 이 땅에 계실 때 제자들을 3년간 훈련하시는 과정을 자세히 들여다보면 한 가지 특별한 점을 발견하게 된다. 그것은 제자들이 부르심의 목적을 깊이 숙지할 수 있도록 압축된 구호를 제시해주셨다는 것이다. 예를 들면, "나를 따라오너라. 사람을 낚는 어부가 되게 하리라!", "내가 너희를 사랑하듯이 너희도 서로 사랑하라!", "세상 끝날까지 너희와 함께 있으리라!" 이 말씀들을 목회 비전으로 교회 앞에 제시한다면 이렇게 축약할 수 있다. '사람을 낚는 어부가 되자!', '서로 사랑하자!', '우리와 함께하시는 주님'.

성경의 인물들도 축약된 문장으로 자신의 신앙을 고백하거나 공동체 앞에 제시한다.

'3백 년을 하나님과 동행하리라!'(에녹), 여호와 이레 '준비해주시는 하나님!'(아브라함), 여호와 샬롬 '하나님의 평강을!'(기드온), 여호와 닛시 '하나님의 깃발!'(모세), 여호와 라파 '치료하시는 하나님!'(모세, 여호수아, 갈렙), 에벤에셀 '도움의 돌 되신 하나님!'(사무엘), 여호와 로이 '여호와는 나의 목자시다!'(다윗), 야웨로프에카 '하나님은 치료하는 광선이시다!'(말라기), '세상 죄를 지고 가는 어린 양!'(요한복음, 세례 요한), '예수 그리스도, 복음의 시작!'(마가복음), '말씀대로 이루어지리라!'(누가복음), '마음이 뜨겁지 않더냐? 마음이 뜨거워지는 하나님의 말씀'(누가복음), '로마도 보아야 하리라. 이 성(城) 중에 내 백성이 많음이라'(사도행전), '누가 우리를 정죄하리요? 우리가 넉넉히 이기느니라!'(로마서), '그중에 제일은 사랑이라!'(고린도전서), '하나님은 우리를 위로하신다!'(고후 1:3~7).

요한 칼빈, 마틴 루터, 요한 녹스, 멜랑히톤 같은 종교개혁자들의 압축된 개혁 메시지를 보라! '오직 성경, 오직 믿음, 오직 은혜, 오직 하나님의 주권, 오직 하나님의 영광!' 얼마나 절제되고 함축미 있는가! 이 간결한 구호를 읽고 외칠 때마다 종교개혁의 열정이 우리의 가슴 속에서도 동일하게 끓어오르지 않는가! 정말 자랑스럽고 감사하다.

나는 우리 고신총회의 선배들이 물려주신 절제된 신앙의 구호들 역시 우리의 심금을 울리는 멋진 내용이라고 말하고 싶다.

'정통신앙, 생활의 순결, 순교정신!'

SFC(학생신앙운동)의 저 찬란한 비전들을 보라!

'하나님 중심, 성경 중심, 교회 중심', '개혁주의 신앙의 대한교회 건설과 국가와 학원의 복음화, 개혁주의 신앙의 세계교회 건설과 세계의 복음화!'

청소년 그리스도인들의 가슴을 뜨겁게 뛰도록 위대한 꿈을 제시해주고 있지 않는가!

미국의 릭 워렌 목사는 자신의 목회 핵심 방향을 이렇게 명쾌하게 제시했다.

① 예배 : 우리는 하나님을 예배하기 위해 지음 받았다.

② 교제 : 우리는 하나님의 한 가족이다.

③ 양육(훈련) : 그리스도인은 예수의 제자요 군사로 훈련되어야 한다.

④ 봉사(섬김) : 우리는 서로에게 섬김이 필요하고 섬기면서 성장한다.

⑤ 전도(선교) : 교회의 위대한 가치는 복음을 전하는 데 있다.

'새들백교회 성도들은 그리스도인의 정체성과 신앙생활의 방향성을 이 다섯 가지 핵심을 붙들고 명료하게 전진할 수 있었다'라고 판단하면서 '그들은 행복하겠구나'라고 생각했다.

마지막으로 부족하지만 52년간의 복음사역(목사로서 43년) 여정에서 줄기차게 강조했던 압축된 목회비전을 소개해 본다. 동역자들에게 조금이나마 도움이 되기를 바라는 충정에서다.

| 교회 표어 |

화목하여 소망이 넘치고 칭찬받는 교회(행 9:31)

| 교회 목표 |

각 사람을 그리스도 안에서 완전한 자로 세우는 교회(골 1:28~29)

복음의 제사장 나라가 되자(롬 15:16)

요셉의 창고가 되자(창 41:46)

|3대 실천사항|

매일 새벽기도(시 46:5; 막 1:35; 시 108:2)

매주 감사(시 50:23, 116:12~14)

삼대(三代) 신앙계승(출 3:6; 딤후 1:5)

나는 이 비전들을 긴 세월 꾸준히 소신껏 밀고 나갔다. 비전을 해마다
새로운 내용으로 바꾸면 목회철학(목표)이 교회에 뿌리 내리지 못하고
변죽만 울리다가 바뀌므로 유익하지 못하다고 판단했기 때문이다.

나의 목회관이 정답은 아니겠지만 어느 정도 성도들에게 유익을 주었
으며 나 역시 확신과 보람을 경험하였음을 고백할 수 있다.

목회 사례금인가?
생활비인가? ①

이 이야기는 다루기가 상당히 조심스러운 주제이다. 그럼에도 이 주제를 한번쯤 다루는 일은 필요하고 실제로 유익할 것이다. 성경에서도 이 주제가 다소 다루어지므로 전혀 어색한 주제는 아닐 것이다. 명칭을 사례금으로 할 것이냐 생활비로 표현할 것이냐? 이 또한 논쟁의 대상으로 삼을 일이 전혀 아니다.

성경을 보자. 고린도전서 9장은 이 주제를 아주 솔직하게 다룬다. 전도자(목회자)들이 어느 정도 사례(생활비) 문제에 대해 크게 부담 갖지 않아도 되는 근거를 제공해 주기 때문이다.

고린도전서 9장 11절은 '목회 사례금'이라는 성격이 더 강하다.

"우리가 너희에게 신령한 것을 뿌렸은즉 너희의 육적인 것을 거두기로 과하다 하겠느냐."

그러나 9장 5, 7, 9절은 '목회자 생활비'라는 성격이 더 강하다.

"⁵우리가 다른 사도들과 주의 형제들과 게바와 같이 믿음의 자매 된 아내를 데리고 다닐 권리가 없겠느냐, ⁷누가 자기 비용으로 군 복무를 하겠느냐 누가 포도를 심고 그 열매를 먹지 않겠느냐 누가 양 떼를 기르고 그 양 떼의 젖을 먹지 않겠느냐, ⁹모세의 율법에 곡식을 밟아 떠는 소에게 망을 씌우지 말라 기록하였으니 하나님께서 어찌 소들을 위하여 염려하심이냐."

빌립보서 4장 11~19절 역시 '전도자(목회자) 생활비 또는 목회 활동비' 성격을 아주 구체적으로 언급하고 있다. 특히 15, 16, 18절을 들여다보자.

"¹⁵빌립보 사람들아 너희도 알거니와 복음의 시초에 내가 마게도냐를 떠날 때에 주고받는 내 일에 참여한 교회가 너희 외에 아무도 없었느니라 ¹⁶데살로니가에 있을 때에도 너희가 한 번뿐 아니라 두 번이나 나의 쓸 것을 보내었도다, ¹⁸내게는 모든 것이 있고 또 풍부한지라 에바브로디도 편에 너희가 준 것을 받으므로 내가 풍족하니 이는 받으실 만한 향기로운 제물이요 하나님을 기쁘시게 한 것이라"

따라서 목회자를 위한 '사례금이냐 생활비냐?' 하는 항목 표현은 둘 다 편하게 사용할 수 있으니 논쟁의 주제로 삼을 필요가 없다. 오히려 우리 목회자들이 더 주목해야 할 부분은 전도자들이 나그네 된 처지에서 어렵게 생활하면서도 '복음 자체를 향한 애정과 열정' 때문에 사례금(생활비) 같은 문제는 별 신경 쓰지 않고 초월하고 싶어 하던 그 정신이어야 할 것이다.

"[15]그러나 내가 이것을 하나도 쓰지 아니하였고 또 이 말을 쓰는 것은 내게 이같이 하여 달라는 것이 아니라 내가 차라리 죽을지언정 누구든지 내 자랑하는 것을 헛된 데로 돌리지 못하게 하리라 [16]내가 복음을 전할지라도 자랑할 것이 없음은 내가 부득불 할 일임이라 만일 복음을 전하지 아니하면 내게 화가 있을 것이로다"(고전 9:15~16).

우리가 혹여라도 그토록 고마워하면서 구주로 믿고 따르는 예수 그리스도의 십자가 구속의 은혜에 대한 감격은 점점 식고(골 1:13~14), 주님이 그 피로 세워주신 너무나 소중하고 아름다운 그분의 교회를 향한 처음 사랑도 약화되며(행 20:28; 마 16:18), 주님께서 맡겨주신 천하보다 더 귀한 양떼의 영혼에 대한 사랑과 책임감(요 10:11, 21:15; 눅 15:4~5)이 점점 무감각해지는 것은 아닌지를 돌아봐야 하지 않겠는가?

세상에 잘 알려지지 않았지만 이제는 꼭 알려져야 할 목사님 한 분을 소개하고 싶다. 강성갑(姜成甲) 목사님(1912~1950)이시다. 혼란스럽던 해방정국에 좌우 이념의 극한 대결의 희생양으로 만 38세에 총살당하신 인물이다. 이분의 사랑과 섬김의 정신은 크게 발굴, 조명되고 전파되어야 한다.

강 목사님은 경남 의령에서 출생하여 마산 창신중학교, 마산상고, 연세대학교, 일본 동지사대학 신학부를 졸업하고 초량교회를 목회하면서 부산대학교 국어 교수로 취임했다.

당시 윤인구 총장의 신뢰를 크게 받으면서 신생 국립 부산대학교를 세워나가는 중차대한 일에 오래오래 함께 동역하자고 간청받았다. 하지만 일제의 잔재를 청산하고 '모두가 행복한 새 나라'를 만들기 위해 해방된 새 나라 교육개혁의 모델을 만들고 싶은 뜨거운 사명감에 김해 진영교회 담임목사로 청빙 받아 부산대학교와 부산 초량교회를 떠났다.

진영교회 담임목사로 청빙 받아가면서 '사례금이 얼마인지 사택이 어떻게 생겼는지'에는 전혀 관심이 없었다(한얼의 밀알이 땅에 떨어져, P. 160, 2020). 진영교회의 청빙 수락 조건은 딱 한 가지뿐이었다. "목회하면서 농촌운동을 할 수 있나요? 농촌의 청소년들을 교육으로 일깨워야 합니다." 이 한 가지 조건만을 제시하고 진영으로 갔다.

부산대학교 교수로 오래오래 함께 일하자는 윤인구 총장(목사)의 권유에도 "대학을 세우고 대학교육을 할 사람은 나 아니라도 얼마든지 있지만 농촌사회 개혁사업을 할 사람은 많지 않으니 저는 진영으로 가야하겠습니다"라면서 거절했다(앞의 책, P. 7).

나는 강성갑 목사님이 하나님께 부여받는 '사명'(mission) 그 자체에 깊이 집중하여 '사례금과 사택'에 대해 전혀 관심이 없었다는 것에 숙연해질 수 밖에 없었다. 이것이 예수 그리스도의 제자로, 전도자로, 목회자로 부르심을 받은 우리가 항상 놓치지 말아야 할 목회정신이 아닐까?

강 목사님은 결국 기독교 정신의 '한얼중고등학교'를 설립하셨으며, 한얼대학교 설립까지 구상하고 있었으나 한국전쟁 중에 공산주의자로 몰려 희생됐다.

목사님의 그 순전한 그리스도 제자도를 지켜보았고 존경했기에 전쟁

중이었음에도 수많은 사람이 장례식에 참석했고 전란 중임에도 정식 군법회의가 열려 가해자들이 처벌됐다.

강성갑 목사님의 맑고 깨끗한 자세를 다소 길게 소개하는 것은 현대 목회자들을 각성시켜야 할 때가 되었기 때문이다(롬 12:1~2). 기독교가 이 땅에 들어온 지난 140여 년의 교회 역사 중 가장 평안하며, 여유로움을 누리면서 목회를 하게 됐다. 그 결과 목회자들이 가난, 불편함, 절제, 낮아짐을 견디지 못하는 시대 정신과 풍조에 많이 길들어 있음을 자인하면서 마땅히 경계해야 할 때가 됐다.

또 한 분 전영창 선생님이 예수 그리스도 제자로서 걸어간 그 제자도를 오늘의 목회자들이 다시 한번 들여다볼 필요를 절실히 느낀다. 한국전쟁 속에서 출발하여 1970년대까지 약 30여 년간 거창고등학교 교장으로 농촌 학생들을 예수 그리스도의 제자로 키웠다. 선생은 특히 '직업선택 십계명'을 친히 만들어 청년, 학생들에게 뜨거운 열정으로 호소했다.

① 월급이 적은 쪽을 택하라
② 내가 원하는 곳이 아니라 나를 필요로 하는 곳을 택하라
③ 승진 기회가 거의 없는 곳을 택하라
④ 모든 것이 갖추어진 곳을 피하고 처음부터 시작해야 하는 황무지를 택하라
⑤ 앞을 다투어 모여드는 곳은 사양하고 아무도 가지 않는 곳으로 가라
⑥ 장래성이 전혀 없는 곳으로 가라

⑦ 사회적 존경 같은 것은 바랄 수 없는 곳으로 가라

⑧ 한 가운데가 아니라 변두리를 가라

⑨ 부모나 아내가 결사반대 하는 곳으로 가라

⑩ 왕관이 아니라 단두대가 기다리는 곳으로 가라

목회 사례금인가?
생활비인가? ②

목회자의 사례금(생활비)에 대해 교회 또는 당회와 제직회는 기본적으로 성경이 어떻게 말하고 있는지를 알아두는 것이 중요하다. 성경은 교회가 목회자 생활대책을 책임져야 한다는 기본적인 원칙을 가르친다.

"[9]너희 전대에 금이나 은이나 동을 가지지 말고 [10]여행을 위하여 배낭이나 두 벌 옷이나 신이나 지팡이를 가지지 말라 이는 일꾼이 자기의 먹을 것 받는 것이 마땅함이라"(마 10:9~10).

목회자는 원칙적으로 빈손으로 교회에 부임해야 한다. 그 교회를 위해 '신령한 일 즉 말씀의 사역자'로 섬기러 가기 때문에 육신적 삶은 교회가 맡아주어야 한다(10절, 이는 일꾼이 자기의 먹을 것을 받는 것이 마땅함이라). 이 원리는 누가복음 10장 7절과 디모데전서 5장 18절에서도 강조된다. 특히 고린도전서 9장의 주제는 '사도의 권리'로서 목회자도 육신적으로는 일반 성도들과 동일한 삶을 누릴 수 있음을 강조한다. 7절과

9절을 보라.

"⁷누가 자기 비용으로 군 복무를 하겠느냐 누가 포도를 심고 그 열매를 먹지 않겠느냐 누가 양 떼를 기르고 그 양떼의 젖을 먹지 않겠느냐, ⁹모세의 율법에 곡식을 밟아 떠는 소에게 망을 씌우지 말라 기록하였으니 하나님께서 어찌 소들을 위하여 염려하심이냐"(고전 9:7~9).

교회를 향해 목회자의 생활 편의를 성의껏 제공하도록 권유하는 가장 핵심적인 이유를 명료하게 가르친다. "우리가 너희에게 신령한 것을 뿌렸은즉 너희의 육적인 것을 거두기로 과하다 하겠느냐"(고전 9:11). 바울 사도는 구약의 성전 봉사 전통까지 예를 들며 이 주제를 한번 더 명확하게 강조하고 싶어 한다.

"¹³성전의 일을 하는 이들은 성전에서 나는 것을 먹으며 제단에서 섬기는 이들은 제단과 함께 나누는 것을 너희가 알지 못하느냐 ¹⁴이와 같이 주께서도 복음 전하는 자들이 복음으로 말미암아 살리라 명하셨느니라"(고전 9:13~14).

한국교회사에서 감동적인 사례가 있다. 일제강점기 신사참배 반대문제로 주기철 목사님이 옥고를 치르고 있을 때다. 사악한 일제는 평안노회에 압력을 넣어 주 목사님을 산정현교회에서 사임시켰다. 그리고 목사님의 가족 생활비까지 끊도록 강요했다. 그러나 유계준 장로를 비롯하여 산정현교회는 일제 경찰의 압력에 굴하지 않고 목사님 가족의 생활을 돌봐드렸다.

유계준 장로의 자제 중 유기천 박사는 서울대 총장을 역임했다. 고당 조만식 장로와 부산 복음병원 장기려 박사(원장) 역시 산정현교회 성도였음은 우연한 일이 아닐 것이다.

교회는 '목회자는 세상의 좋은 것 즐거운 일을 포기하고 우리의 영적 건강을 위해 애쓰는 나그네들이다'라고 생각하면서 따뜻한 위로와 배려를 아끼지 말아야 할 것이다(마 10:11~12; 갈 6:6; 살전 5:12~13; 딤전 5:17~18; 히 13:17). 그런데 여전히 남아 있는 숙제 한 가지는 목회자들의 은퇴 후 생활 문제다.

많은 교회가 담임목사가 정년퇴임을 하면 최선을 다해 생활대책을 세워주고 있다. 주님은 이 땅에 오셔서 (자기 땅에 오셨는데도) 참으로 고생하셨다(요 1:10~11; 눅 9:58). 주님에 비하면 오늘의 목회자 대부분이 과분한 대우를 받으면서 목회하고 있다. 그러나 생활면에서 어렵게 목회 여정을 걷고 있는 동역자들이 적지 않다. 특히 은퇴 후 생활대책이 제대로 준비되지 않는 동역자들이 많다.

모든 것을 평균케 하라시는 주님의 말씀 앞에(고후 8:14~15) 송구스럽기 그지없다. 자녀들이 여유가 있어 부모님을 살펴드릴 수 있는 은퇴 목회자들이라면 그나마 다행이지만 그런 경우는 흔하지 않다. 일평생 교회를 위해 모든 것을 다 쏟아서 목회하고 은퇴하신 은퇴자 중 생활대책이 제대로 준비되지 않아 매우 어렵게 여생을 보내는 분들에 대해서 어떻게 해야 하겠는가?

나는 군종장교로 강원도와 경기도 지역에서 군목사역을 하면서 일반 장교들을 지켜볼 수 있었다. 그들은 전국으로 부대를 이동하면서 근무한다. 이는 공립학교 교사들이나 공무원들도 비슷하다. 전국 어디서 근무하든 나중에 정년퇴임을 하게 될 때 은퇴연금을 동일하게 적용받는다. 근무지를 옮겨가면서 근무했다고 해서 은퇴연금이 달라지지 않는다. 대한민국을 위해서 근무했기 때문이다.

그렇다면 목회자들도 하나님의 나라 즉 한국교회 또는 고신총회의 교회를 위해 평생 목회하고 봉사했으므로 정년퇴임을 하면 말 그대로 소박한 생활 유지는 할 수 있어야 마땅하지 않는가? 마지막으로 목회한 교회가 재정적으로 여유가 없다고 해서 은퇴 목회자 부부가 궁색하게 여생을 보내야 한다면 '평균케 하라'는 원리(고후 8:14~15)는 어떻게 해석할 것인가?

로마교회의 경우에는 어떻게 하고 있는가? 물론 저들은 독신 목회를 원칙으로 하므로 비교적 부담감이 적을 것이다. 교회 행정 또한 전국 단일체제이므로 우리 사회의 공무원(군대) 제도와 비슷하다. 사제들은 공동거주를 하도록 거처가 준비돼 있으며 교회는 주거와 식사문제를 일체 해결해준다. 현역일 경우 용돈(?) 성격으로 평균 1백만 원 정도 받는 줄로 안다. 그러니 로마교회의 경우 사제들은 거의 대동소이하게 생활한다고 보면 된다.

개신교는 독신 목회자 제도를 피하고 가정을 이루면서 목회 한다. 성경도 이를 지지한다.

"우리가 다른 사도들과 주의 형제들과 게바와 같이 믿음의 자매 된 아내를 데리고 다닐 권리가 없겠느냐"(고전 9:5).

그리고 교회는 목회자 가정이 자녀들을 유능한 사회인으로, 하나님 나라의 소중한 일꾼들로 양육할 수 있도록 배려하고 지원해야 할 것이다(딤전 3:1~5). 반면에 목회자 자신은 사례금(생활비) 문제에 연연해 하지 말자. 바울의 '그 정신'을 늘 염두에 두자.

"[12]다른 이들도 너희에게 이런 권리를 가졌거든 하물며 우리일까보냐 그러나 우리가 이 권리를 쓰지 아니하고 범사에 참는 것은 그리스도의 복음에 아무 장애가 없게 하려 함이로다 [15]그러나 내가 이것을 하나도 쓰지 아니하였고 또 이 말을 쓰는 것은 내게 이같이 하여 달라는 것이 아니라 내가 차라리 죽을지언정 누구든지 내 자랑하는 것을 헛된 데로 돌리지 못하게 하리라 [16]내가 복음을 전할지라도 자랑할 것이 없음은 내가 부득불 할 일임이라 만일 복음을 전하지 아니하면 내게 화가 있을 것이로다"(고전 9:12, 15~16).

목회자는 목회 그 자체, 아름답고 위대한 '복음전파'에만 자부심을 갖고 집중하자(행 20:24). 복음의 출발점에는 주 예수님의 고결한 '성육신적 희생'이 계셨지 않은가!(요 1:14; 마 20:28; 히 4:15). 그분을 믿고 전하며 닮고 싶어 목회의 여정으로 나섰으니 그분의 정신대로 목회하리라고 소원해야 하지 않겠는가?

5부
성경 속에
나타난 목회

모세의 목회학

'부르심'에 대한 확신

모세는 호렙산에서 떨기나무가 불타지만 타서 없어지지 않는 중에 하나님의 부르심을 받는다. 부인할 수 없고 거역할 수 없는 사명으로의 부르심이었다. 마침내 가족을 이끌고 애굽으로 내려가는 모세는 두 아들에게 미처 할례를 행하지 아니한 연고로 하나님께서 모세를 죽이려 하시는 매우 급한 순간이 있었다. 그때 아내 십보라의 민첩한 처방으로 목숨을 구한다.

모세는 손에 나병이 들기도 하고 자신이 던진 지팡이가 뱀으로 변하는 희한한 경험도 하면서 결국 "이집트에서 내 백성 이스라엘을 구해내라"는 엄청난 사명을 부여받았다.

모세가 경험한 일련의 이적들은 하나님께서 자신을 이스라엘을 인도하는 목자로 부르셨다는 '소명의식'을 확신시켜 주었다. 이 확신이 흔들림 없이 평생 이스라엘의 목자로서 사명 수행에 충실했는가를 증명해준다. 이는 고달픈 출애굽과 광야 40년 여정에서 과거 애굽 궁정에서 왕자로서 누렸던 화려하고 안락했던 40년에 대해 조금의 미련도 갖지 않았음에서 알 수 있다(히 11:24~26). 부르심에 대한 확신이 이 같은 능력으로 나타날 수 있었다.

알고 보면 철저하게 준비된 목자

성경은 '목양, 목회'에 있어서 할 수 있는 한 준비를 얼마나 많이 하는 것이 좋으냐에 대해 흥미 있는 두 사람을 우리에게 보여준다. 구약에서는 단연코 모세요, 신약에서는 바울이다.

모세의 생애는 120년이었는데 '사명으로의 부르심'을 위해 준비기간이 무려 80년이었다. 참으로 놀랍고 감동적이다. 애굽의 궁정에서 40년, 미디안 광야에서 40년, 도합 80년의 긴 시간은 결국 '이스라엘을 인도하는 목자'가 되기 위한 준비 시간이었다.

"나이가 사십이 되매 그 형제 이스라엘 자손을 돌볼 생각이 나더니"(행 7:23). 모세 나이 40세에 자기 형제 이스라엘 백성을 '돌 볼' 생각이 났다고 한다. 모세는 그 40년 동안 애굽 궁정에서 '왕자 수업'을 받았다. "모세가 애굽 사람의 모든 지혜를 배워 그의 말과 하는 일들이 능하더라"(행 7:22). 개역 성경에서는 "애굽 사람의 학술을 다 배워"라고 번역했다. 그 결과 모세는 '말과 하는 일들'이 다 능했다.

모세는 나이 40세가 되기까지 대제국 애굽에서 왕자가 이수하는 교육과목(수학, 지리, 천체, 역사, 특히 수사학, 군사학, 전쟁사, 무예, 운동경기, 과학 등)을 열심히 배웠기에 '말과 하는 일'(행사)이 다 능했다고 성경은 증거 한다. 그러나 영적 지도자로서 목자의 길을 걸어야 하는 모세에게는 이것만으로는 부족했다(행 7:22~23). 그래서 하나님께서는 '광야의 양치기로 40년'을 더 훈련시키셨다. 이토록 모세는 철저하게 준비된 목자였다.

끝없는 인내와 온유의 목회

성경은 모세를 모범사례로 들면서 목자(목회자)가 갖추어야 하는 기본적이면서 필수적인 덕성을 '인내와 온유'라고 말한다. "이 사람 모세는 온유함이 지면의 모든 사람보다 더하더라"(민 12:11). 모세가 살다 간 그 시대에 세상에서 모세만큼 온유한 사람이 없었다는 사실 앞에서 숙연한 마음으로 각자 자신을 돌아볼 일이다.

모세의 누나 미리암과 형 아론이 모세를 비방한 일이 있었다. 그 누구보다도 앞장서서 지지해주어야 할 누나와 형이 비방할 때, 일반적으로 어떻게 반응하겠는가? 모세는 침묵한다. 오히려 하나님께서 미리암과 아론을 향해 경고하며 모세를 변호하신다(민 12:6~8). 모세는 징계를 받아 병든 누나를 위해 하나님께 부르짖는다.

"모세가 여호와께 부르짖어 이르되 하나님이여 원하건대 그를 고쳐 주옵소서"(민 12:13).

범사에 불평과 불만이 습성화되어 있던 4인방(고라, 다단, 아비람, 온)이 매우 계획적이며 노골적으로 여론을 조작하여 모세의 권위(authority)와 지도력(leadership)에 도전했을 때 모세의 인내와 온유함이 절정을 이룬다(민 14:1~4, 16:1~3, 18, 19).

이 위기의 상황에서 모세는 맞대응하지 않는다. 사람은 '맞대응'하면 격한 감정에 휩싸일 수밖에 없다. 모세는 엎드린다(민 14:5, 16:4). 엎드리니 하나님이 개입하신다. 그렇다. 모세의 목회는 '엎드리는 목회 즉 온유함의 목회'였다(벧전 3:15; 마 5:5).

'이름 없이 빛없이'의 목회

목회의 여정에서 이 노래를 부른다. "존귀 영광 모든 권세 주님 홀로 받으소서 멸시천대 십자가는 제가 지고 가오리다 이름 없이 빛도 없이 감사하며 섬기리다" 그리고 실제로 이 소원대로 목회하고 싶어서 기도한다. 그러나 시간이 지나면서 이 아름답던 초심은 점점 옅어지고 별수 없이 조상 아담의 성향이 알게 모르게 뛰쳐나온다.

모세야말로 초지일관 이름 없이 빛도 없이 40년 목양의 길을 걸은 사람이다. 그는 그토록 그리던 약속의 땅을 발로 밟아 보지도 못했다(신 34:1~5). 심지어 가나안 땅 아닌 이방 모압 땅 산 계곡에 묻혔고, 그 묻힌 곳조차 후세들이 알 수 없었다(신 34:6). 실로 모세는 자신의 삶 전부를 오로지 그리스도의 이름을 위해 이름 없이 송두리째 던져드렸다(히 11:24~26). 그 결과 하나님께 최고의 칭찬과 위로를 받았다(신 34:10~12).

엘리야의 목회학

엘리야 같은 대선배 목회자가 있다는 것은 반면교사 역할뿐 아니라 사람으로서 큰 위로가 되기 때문에 다행스럽기 그지없다. 무려 2,800년 이상의 시간 간극이 있지만 다 같은 아담의 후손이다 보니 그의 세대나 현세대나 사람 살아가는 점은 크게 다르지 않을 것이다. 그래서 엘리야의 목회(선지자직) 여정을 살펴보는 일 또한 오늘의 목회자들에게 큰 영감과 교훈이 될 것이다.

엘리야의 목회적 환경

엘리야만큼 목회적 환경이 열악한 경우도 많지 않을 것이다. 사역의 과중함은 말할 것도 없거니와 무엇보다 사람이 그를 힘들게 했다. 그 사람은 소위 무소불위의 권력을 휘두르는 국가의 통치자였으니 엘리야가 겪는 중압감은 현대 목회자들에게는 상상을 불허한다고 하겠다.

아합 왕의 부친 오므리 장군은 군사 쿠테타를 일으켜 시므리 왕조를 무너뜨리고 권력을 훔쳤다. 성경은 그의 사람됨이 그 어떤 인간보다 '더욱 악한 인간'이었다고 증거 한다(왕상 16:25~26). 유감스럽게도 아합 왕은 부왕 오므리의 성향을 그대로 물려받았다. 첩첩산중이요 갈수록 태산이라는 말처럼 아합은 역사의 기괴한 인물 이세벨과 결혼했다.

이세벨은 바알 우상 숭배의 진원지라 할 수 있는 시돈 왕국의 공주이다. 그 아버지는 이름마저 '엣바알'로 '바알과 함께'라는 뜻이다. 아마도 성경 전체에서 이세벨을 가장 사악한 여성으로 단정해도 이의를 제기할 사람이 별로 없으리라.

아합은 타고난 괴팍함에다 '사특하고 교언영색에 능한' 아내에게 결정적으로 악영향을 받았다(왕상 16:30~33). 게다가 이세벨의 완전 수족 역할을 하는 바알과 아세라 제사장 850명까지 상대해야 했으니 엘리야의 목회적 환경은 너무나 열악했다.

엘리야의 목회사역 자세

그럼에도 엘리야는 물러서지 않는다. 주저하지 않고 하나님의 말씀에 순종하여 아합 왕에게 직격탄을 날린다.

"길르앗에 우거하는 자 중에 디셉 사람 엘리야가 아합에게 말하되 내가 섬기는 이스라엘의 하나님 여호와께서 살아 계심을 두고 맹세하노니 내 말이 없으면 수년 동안 비도 이슬도 있지 아니하리라 하니라"(왕상 17:1).

이스라엘 땅에는 이미 '여호와의 선지자들'이 사특한 왕비 이세벨의 칼날에 순교의 피를 곳곳에 흘리고 있었다(왕상 18:4, 13, 19:1~2, 10). 엘리야 선지자는 아합 왕과 조우한다(왕상 18:16~17). 두 사람은 격한 말을 주고받는다.

아합 왕은 이스라엘 땅에 3년 6개월 동안 극심한 가뭄으로 모든 물 근원과 시내가 말라버리므로 말과 노새를 비롯하여 짐승을 다 잃을 지경이 된 원인을 엘리야에게 돌렸다(왕상 18:5, 16~17). 하지만 엘리야는 두려워하거나 물러서지 않는다(왕상 17:1, 18:2, 8, 15). 왕의 면전에서 이스라엘이 겪는 극심한 재난의 원인 제공자는 아합 왕과 왕실(王室)이라고 직설적으로 외친다. 그리고 아합 왕에게 그 악행은 다름 아닌 "당신과 당신 왕실이 여호와의 명령을 버리고 바알(Baal)을 따랐기 때문이다"라고 일깨워 준다(왕상 18:18).

엘리야는 여기서 멈추지 않고 왕에게 '바알과 아세라의 선지자(제사장) 850명'을 갈멜산으로 소집해 주면 그들의 위선과 허위와 속임수를 이스라엘 백성들과 만천하에 낱낱이 드러나게 하겠다고 과감하게 제안한다(왕상 18:19~21). 그리고 하나님의 역사로 말미암아 이스라엘을 현혹하던 자들을 일망타진했다(왕상 18:39~40).

엘리야의 연약한 인간적 면모

그렇다고 엘리야는 백전무퇴하는 불굴의 강철 인간이었는가? 성경은 엘리야 또한 '연약성을 지닌 한 사람의 평범한 목회자요 선지자'임을 전혀 숨기지 않는다.

이세벨 왕비는 세속의 권력을 쥐고서 생사여탈권을 종횡으로 휘두르는 사이코패스(정신이상자)요 소시오패스(반사회적 인간)였다. 이세벨 왕비는 엘리야를 위협, 중상모략, 비방, 살해 모의 그리고 전국에 지명수배하면서 엘리야를 막다른 골목으로 몰아간다(왕상 19:1~2). 이미 숱한 선지자들이 이세벨의 칼날에 희생 되던 차에 그 포위망이 자신을 압박해오자 엘리야는 인간적 한계점에 이르게 된다. 자기 한 몸 쉬거나 숨을 곳 그리고 당장의 끼니조차 구할 수 없는 극한 상황에 처하면서 몸과 마음과 영혼까지 무너져 갔다. 급기야는 삶의 의지마저 흔들리게 된다.

"자기 자신은 광야로 들어가 하룻길쯤 가서 한 로뎀나무 아래에 앉아서 자기가 죽기를 원하여 이르되 여호와여 넉넉하오니 지금 내 생명을 거두시옵소서 나는 내 조상들보다 낫지 못하니이다 하고"(왕상 19:4).

야고보서 5장 17절에서도 엘리야는 우리와 다를 바 없이 성정이 같다고 강조한다. 이 모습에서 오늘의 우리는 위로를 받는다.

사역현장에서 만나는 하나님의 위로하심
목회자에게 세상이 잘 느낄 수 없는 특별한 경험들이 있다. 하나님이 주시는 위로이다.

"⁵로뎀 나무 아래에 누워 자더니 천사가 그를 어루만지며 그에게 이르되 일어나서 먹으라 하는지라 ⁶본즉 머리맡에 숯불에 구운 떡과 한 병 물이 있더라 이에 먹고 마시고 다시 누웠더니 ⁷여호와의 천사가 또 다시

와서 어루만지며 이르되 일어나 먹으라 네가 갈 길을 다 가지 못할까 하노라 하는지라"(왕상 19:5~7).

하나님께서 엘리야를 어루만져 주신다. 따뜻이 격려해주신다. 먹고 마시게 해 주신다. 이뿐 아니다. 그릿 시냇가에서는 까마귀를 통해 먹여 주시고 때로는 사르밧 땅 가난한 과부의 가정을 통하여 먹여 주셨다. 아합 왕궁에 숨겨 놓으신 오바댜 장관을 통하여 위로해 주셨다. 무엇보다 타고 나기로 밝고 담대한 청년 엘리사를 옆에 붙여 주셔서 '사환이요 제자요 동역자'가 되게 해 주셨다.

엘리야는 신체적으로뿐 아니라 정신적, 영적으로도 치유되고 회복됐다. 이에 엘리야는 사역의 길을 계속 달려갈 수 있었다(왕상 19:15).

엘리사의 목회학

열왕기하 5장에 한정하여 엘리사의 목회학을 논해도 그의 목회철학을 상당부분 배울 수 있다. 강대국 아람 나라의 국방장관 나아만이 나병을 앓던 중 자신의 집에서 하녀로 있던 히브리 포로 소녀가 일러준 대로 이스라엘 땅으로 선지자 엘리사를 찾아가서 병고침을 받는다. 그리고 복음을 받아서 귀국한다.

무명의 어린 성도를 반듯하게 세우는 목회

어른들(남자들)이 일으킨 전쟁으로 말미암아 가장 피해를 보는 것은 여성들과 어린이들이다. 전란의 여파로 히브리 소녀 한 명이 침략국 아람의 포로로 잡혀 군대장관 나아만의 집에서 하녀로 일하고 있다.

어린 소녀라면 혼자 이웃 마을로 심부름만 가도 낯설고 불안한 법이다. 이 소녀는 전쟁통에 부모를 잃고 포로 신세가 되어 침략자의 나라로 끌려갔으니 어린 소녀가 겪었을 충격은 말로 표현하기가 어렵다. 날마다 두려움과 그리움 속에서 눈물로 지새울 것이 당연하다. 그런데 이 소녀는 견뎌냈다. 나병에 걸린 주인 나아만 장군을 불쌍히 여기면서 '어떻게 도울 수 있을까!' 고민까지 한다.

포로로 잡혀 온 어린 소녀가 어떻게 이렇게까지 당찰 수 있을까? 자신이 태어나고 자란 이스라엘 땅에 있는 '하나님의 사람 선지자'가 능히 장군의 나병을 고칠 수 있다고 당당하게 말한다. 이 신앙적 자부심은 어디서 온 것인가? 엘리사의 목회 영향력을 힘입음이 틀림없다.

절망과 충격으로 혼돈에 빠진 공동체를
수습하고 안정시키는 목회

강대국 아람의 국방장관이 왕의 친서를 휴대하고 이스라엘 땅에 들어와 이스라엘 왕을 만난다. 패전의 후유증을 앓던 중이라 침략국 왕의 친서를 받아본 왕은 자신의 옷을 찢으면서 공황상태로 빠져든다. 왕의 이러한 처신은 북왕국 이스라엘 전체를 절망과 충격 속으로 몰고 간다. 나라 전체가 '전쟁 가능성'의 소문으로 혼돈에 빠지면서 흉흉하기 그지없게 된다.

이때 엘리사가 나선다. "강대국 아람 왕 때문에 두려워하지 마시오. 흔들리지 마시오. 여기 '하나님의 사람' 나 엘리사가 있지 않소! 우리 이스라엘에는 하나님의 사람 '선지자'가 있는 줄을 아람 왕에게 알게 하겠소!"

이 얼마나 당당한 모습인가! 그렇다. 하나님의 사람들인 선지자와 제사장과 목회자는 그 시대 공동체의 자존심이자 정신적 버팀목이 되어야 한다. 결과적으로 '하나님의 사람' 엘리사 한 명이 두려움으로 혼란에 빠진 이스라엘 공동체를 안정시킨다.

2023년, 이 땅에 교회가 얼마인가? 목회자가 얼마인가? 5만여 교회에 6만여 목회자가 있지 않는가! 그렇다면 무엇이 두려운가? 만에 하나 필요하다면 목회자들만 나선다 해도 155마일 휴전선을 지켜낼 수 있다.

거저 받았으니 거저 주어라

나병이라는 무거운 짐을 지고 이스라엘 땅으로 엘리사를 찾아온 나아만 장군은 마침내 고침 받았다. 어린아이 피부처럼 깨끗하게 치유됐다. 나아만은 너무나 감격스러워서 선지자에게 가져온 상당한 선물(보물)을 사례비 명목으로 드리고 싶어 한다. 이것은 아주 자연스러운 모습이다. 그런데 선지자의 반응을 보라!

"¹⁵나아만이 모든 군대와 함께 하나님의 사람에게로 도로 와서 그의 앞에 서서 이르되 내가 이제 이스라엘 외에는 온 천하에 신이 없는 줄을 아나이다 청하건대 당신의 종에게서 예물을 받으소서 하니 ¹⁶이르되 내가 섬기는 여호와께서 살아 계심을 두고 맹세하노니 내가 그 앞에서 받지 아니하리라 하였더라 나아만이 받으라고 강권하되 그가 거절하니라"(왕하 5:15~16).

엘리사가 나아만이 준비한 선물을 당당하게 받을 수 있음에도 불구하고 "여호와의 사심을 가리켜 맹세하노니 받지 아니하리라"며 단호하게 거절한 이유는 무엇인가? 엘리사의 이 행동을 묵상하다 보면 자연스럽게 다음의 성경 말씀이 떠오른다.

"²¹소돔 왕이 아브람에게 이르되 사람은 내게 보내고 물품은 네가 가지라 ²²아브람이 소돔 왕에게 이르되 천지의 주재이시요 지극히 높으신 하나님 여호와께 내가 손을 들어 맹세하노니 ²³네 말이 내가 아브람으로 치부하게 하였다 할까 하여 네게 속한 것은 실 한 오라기나 들메끈 한 가닥도 내가 가지지 아니하리라 ²⁴오직 젊은이들이 먹은 것과 나와 동행한 아넬과 에스골과 마므레의 분깃을 제할지니 그들이 그 분깃을 가질 것이니라"(창 14:21~24).

"병든 자를 고치며 죽은 자를 살리며 나병환자를 깨끗하게 하며 귀신을 쫓아내되 너희가 거저 받았으니 거저 주라"(마 10:8).

"내가 아무의 은이나 금이나 의복을 탐하지 아니하였고"(행 20:33).

이런 경우, 더구나 불신자에게서 '대가'를 받으면 하나님이 행하신 큰일 즉 복음의 위대한 가치가 상쇄된다. 대가를 받아버리면 결국 아브라함이 위대하고 엘리사가 유능해서 승리하고 병을 고친 것이 되고 만다. '하나님의 이름'이 설 자리가 없어진다.

선지자가 누구인가? 목회자가 누구인가? 하나님의 높으신 이름, 예수 그리스도의 아름다운 이름을 온 세상에 드러내기 위해 부름을 받은 자들이 아니던가?(창 20:7; 왕하 5:8; 고전 9:12~16, 18)

평안히 가시오

엘리사의 선명한 처신을 지켜보며(왕하 5:16), 나아만 장군은 전혀 다른 영적 세계를 경험한다. 나아만은 자신의 나라 아람의 국가 종교인 '림몬 신전'의 제사장들이라면 나병을 고치는 이 정도의 엄청난 기적 앞에서 과연 어찌했을지 잘 알고 있었다. 보은의 사례를 당당하게 챙길 뿐 아니라 더 많이 요구할 수도 있는 위인들이라는 것을. 그래서 나아만은 정리가 된다. '아, 이분 엘리사를 지켜보니 이스라엘의 하나님이 참 신이시구나. 우리나라 림몬 우상 신과는 전혀 차원이 다르구나!' 그리고 선지자 앞에서 '여호와 신앙'을 고백하고(왕하 5:15) '복음'을 갖고 귀국한다. 그 고백과 결단이 너무나 아름답다(17). 이방인 또는 불신자의 입에서 주 하나님을 '나의 하나님'으로 고백함에 있어서 가장 아름답고 가슴 뭉클한 광경을 우리는 지금 여기서 만나고 있다(17~18).

목회현장에서도 이 같은 경험을 하게 될 때, 목회의 열매와 행복이 무엇인지를 진심으로 체험하게 된다(살전 2:19~20). 복음을 받아들였지만 '한계를 지닌' 사람이기에 나아만은 자신의 고민을 솔직하게 고백한다(18). 이 솔직한 고백 앞에서 선지자의 반응(대답)은 참으로 따뜻하다. "너는 평안히 가라"(19).

나는 엘리사의 이 한마디가 너무 좋다. 목회자는 인간미도 있어야 한다. 엄격해서만은 안 된다. 목회자들은 엘리사의 이 넉넉한 모습(19)에서 큰 매력을 느껴야 한다. 예수님의 모습이 투영된다(눅 19:2, 5).

에스라와
느헤미야의 목회학

유다 왕국은 바벨론 왕 느부갓네살에 의해 철저히 망하고 말았다 (BC 586). 당시 중동 지역의 새로운 패권국가 페르시아의 고레스 왕과 아닥사스다 왕 시대에 포로로 잡혀있던 유대인들이 대거 예루살렘으로 귀환한다(BC 510년경).

에스라와 느헤미야는 이 중차대하고 어려운 시대에 이스라엘 사회를 이끌었던 지도자들이었다. 제사장 에스라는 율법에 능통한 학사(서기관)요. 느헤미야는 페르시아 왕 아닥사스다가 임명한 유다 총독이다. 두 사람은 하나님의 뜻에 따라 크게 의기투합하여 처참하게 무너져버린 예루살렘을 재건하는 일과 패배의식으로 좌절해 있는 이스라엘 공동체에 예배를 회복시키는 일에 매진한다.

에스라는 영적 지도자요 느헤미야는 세속적(정치, 행정적) 지도자였으나 두 사람의 협력 사역은 마치 공동목회를 하는 것과 같이 매우 성숙되고 진중했다. 이에 '에스라와 느헤미야의 목회학'이라는 주제로 살펴보기로 한다.

금식하고 회개하면서 간구하는 목회

" ²¹그 때에 내가 아하와 강 가에서 금식을 선포하고 우리 하나님 앞에서 스스로 겸비하여 우리와 우리 어린 아이와 모든 소유를 위하여 평탄한 길을 그에게 간구하였으니 ²²이는 우리가 전에 왕에게 아뢰기를 우리 하나님의 손은 자기를 찾는 모든 자에게 선을 베푸시고 자기를 배반하는 모든 자에게는 권능과 진노를 내리신다 하였으므로 길에서 적군을 막고 우리를 도울 보병과 마병을 왕에게 구하기를 부끄러워 하였음이라 ²³그러므로 우리가 이를 위하여 금식하며 우리 하나님께 간구하였더니 그의 응낙하심을 입었느니라"(스 8:21~23).

회개의 주요 제목이 인상적이다. 포로 생활이 70여 년으로 길어지다 보니 이스라엘 공동체의 여호와 신앙은 매우 약화됐다. 그러다 보니 눈에 보이는 현실적 힘, 즉 땅의 통치자와 그 힘이 어마어마하게 커 보였다. 그래서 통치자 '페르시아 제국의 아닥사스다 왕'에게 "'해방과 자유'를 주면 우리 힘으로 고국에 돌아갈 수 있습니다"라고 큰소리 쳤지만 막상 귀환 길에서는 군대의 보호를 요청했다.

에스라와 느헤미야는 이것부터 철저히 회개한다(스 8:21~23). 이 모습이 아름답다. 회개와 반성은 지도자부터 솔선해야 한다.

오늘날 지도자들은 회개할 줄을 모른다. 에스라와 느헤미야는 회개하기를 주저하지 않는다. 자신들이 먼저 회개하고 하나님의 도우심을 철저히 간구하면서 백성들에게 말씀을 선포하니(스 8:18, 31, 9:3~6, 10:1, 6, 9~12; 느 8:8~9) 백성들은 통렬한 회개를 한다.

가난한 양떼를 세밀하게 챙겨주는 목회

"¹그 때에 백성들이 그들의 아내와 함께 크게 부르짖어 그들의 형제인 유다 사람들을 원망하는데 ²어떤 사람은 말하기를 우리와 우리 자녀가 많으니 양식을 얻어 먹고 살아야 하겠다 하고 ³어떤 사람은 말하기를 우리가 밭과 포도원과 집이라도 저당 잡히고 이 흉년에 곡식을 얻자 하고 ⁴어떤 사람은 말하기를 우리는 밭과 포도원으로 돈을 빚내서 왕에게 세금을 바쳤도다⁵우리 육체도 우리 형제의 육체와 같고 우리 자녀도 그들의 자녀와 같거늘 이제 우리 자녀를 종으로 파는도다 우리 딸 중에 벌써 종된 자가 있고 우리의 밭과 포도원이 이미 남의 것이 되었으나 우리에게는 아무런 힘이 없도다 하더라 ⁶내가 백성의 부르짖음과 이런 말을 듣고 크게 노하였으나 ⁷깊이 생각하고 귀족들과 민장들을 꾸짖어 그들에게 이르기를 너희가 각기 형제에게 높은 이자를 취하는도다 하고 대회를 열고 그들을 쳐서"(느 5:1~7).

아담의 후손인 우리는 기회만 있으면 욕심을 부리고 약한 사람을 괴롭힌다. 끔찍했던 바벨론 포로 생활을 겪고 고향으로 돌아왔다면 사사로운 욕심은 버리고 서로 사랑하며 살아야 마땅했다. 하지만 귀족들과 민장들이 힘없는 동족에게 높은 이자 놀이를 하는 등 몰인정하고 파렴치한 행위를 했다. 이를 파악한 느헤미야는 엄한 질서를 세우면서 약자를 배려하는 대책을 단호하게 실천한다(느 5:8~11).

물질 문제에 극히 절제하며 청빈한 목회자로 살아가기

"¹⁴또한 유다 땅 총독으로 세움을 받은 때 곧 아닥사스다 왕 제이십년부터 제삼십이년까지 십이 년 동안은 나와 내 형제들이 총독의 녹을 먹지 아니하였느니라 ¹⁵나보다 먼저 있었던 총독들은 백성에게서, 양식과 포도주와 또 은 사십 세겔을 그들에게서 빼앗았고 또한 그들의 종자들도 백성을 압제하였으나 나는 하나님을 경외하므로 이같이 행하지 아니하고"(느 5:14~15).

느헤미야의 전임총독들은 힘없는 백성들을 참혹하게 갈취했다. 민심의 흉흉함은 말로 다 할 수 없었다. 이 참담한 정황을 파악한 느헤미야는 총독 재임 12년 동안 봉급을 일체 사양했다. 자신이 돌보고 책임져야 하는 백성들이 고통당하는데 자신에게 주어진 권리라고 행사하는 것은 '하나님의 종'으로서 덕스럽지 않다고 판단했다(느 5:18). 목회자도 양보하고 절제하고 사양하자. 이것이 지도력이다(고전 9:12).

불의하고 사악한 세력에는
단호한 전의(戰意)와 기도로 맞서는 목회
"⁸다 함께 꾀하기를 예루살렘으로 가서 치고 그 곳을 요란하게 하자 하기로 ⁹우리가 우리 하나님께 기도하며 그들로 말미암아 파수꾼을 두어 주야로 방비하는데, ¹³내가 성벽 뒤의 낮고 넓은 곳에 백성이 그들의 종족을 따라 칼과 창과 활을 가지고 서 있게 하고 ¹⁴내가 돌아본 후에 일어나서 귀족들과 민장들과 남은 백성에게 말하기를 너희는 그들을 두려워하지 말고 지극히 크시고 두려우신 주를 기억하고 너희 형제와 자녀와 아내와 집을 위하여 싸우라 하였느니라, ²⁰너희는 어디서든지 나팔 소리를 듣거든 그리로 모여서 우리에게로 나아오라 우리 하나님이 우리를 위하여 싸우시리라 하였느니라"(느 4:8~9, 13~14, 20).

산발랏과 도비야는 유다와 주변 지역을 관할하라고 페르시아 왕이 임명한 총독들이다. 그들은 30여 년 이상 그 자리를 지키다 보니 오랜 경험이 합쳐져 아주 노회한 '타락한 통치자의 전형'이 되어 있었다. 그러니 그들에게는 왕에게 새로운 임무와 큰 권한을 부여받고 예루살렘으로 부임한 느헤미야가 눈엣가시 같은 존재였다. 두 사람은 거짓과 악행에 뛰어난 수완과 능력을 발휘해서 '이스라엘을 흥왕케 하려' 부임한 느헤미야를 사사건건 끈질기게 모함하고 중상모략 훼방한다. 그 집요함과 사악함에 보통사람 같으면 포기했을 것이다. 그러나 느헤미야는 저들의 궤계를 단호히 물리치고 성벽공사를 완수한다.

말씀해석에 능통하여 회중을 '각성, 갱신, 성숙'시키는 목회

"⁵에스라가 모든 백성 위에 서서 그들 목전에 책을 펴니 책을 펼 때에 모든 백성이 일어서니라 ⁶에스라가 위대하신 하나님 여호와를 송축하매 모든 백성이 손을 들고 아멘 아멘 하고 응답하고 몸을 굽혀 얼굴을 땅에 대고 여호와께 경배하니라, ⁸하나님의 율법책을 낭독하고 그 뜻을 해석하여 백성에게 그 낭독하는 것을 다 깨닫게 하니 ⁹백성이 율법의 말씀을 듣고 다 우는지라 총독 느헤미야와 제사장 겸 학사 에스라와 백성을 가르치는 레위 사람들이 모든 백성에게 이르기를 오늘은 너희 하나님 여호와의 성일이니 슬퍼하지 말며 울지 말라 하고 ¹⁰느헤미야가 또 그들에게 이르기를 너희는 가서 살진 것을 먹고 단 것을 마시되 준비하지 못한 자에게는 나누어 주라 이 날은 우리 주의 성일이니 근심하지 말라 여호와로 인하여 기뻐하는 것이 너희의 힘이니라 하고"(느 8:5~6, 8~10).

길고 긴 포로 생활에서 귀환하여 고향 땅에 정착하는 일, 훼파된 수도 예루살렘 성을 재건하고 수축하는 일, 여기에 훼방꾼들의 사악한 반발과 행패를 막아내야 하는 등 끝도 없이 밀려오는 난제들 앞에서도 '제사장, 학사 율법책, 강단, 성경낭독, 성경해석, 송축, 경배, 성일, 안식일, 십일조, 찬양, 감사, 제사…' 같은 어휘들이 에스라, 느헤미야서에 계속 등장한다. 참으로 감동적이다.

방해하는 적들을 경계하고자 일하면서도 무기를 옆에 두었듯이, 무너진 성을 수축하느라 피곤하고 생활고에 시달리면서도 에스라는 회중에게 말씀을 해석하면서 영적으로 성숙시켜 나갔다. 다음 두 구절은 이스라엘의 그 당시 영적 건강상태를 잘 설명해 주고 있다.

"모든 백성이 곧 가서 먹고 마시며 나누어 주고 크게 즐거워하니 이는 그들이 그 읽어 들려 준 말을 밝히 앎이라"(느 8:12).

"이 날에 무리가 큰 제사를 드리고 심히 즐거워하였으니 이는 하나님이 크게 즐거워하게 하셨음이라 부녀와 어린 아이도 즐거워하였으므로 예루살렘이 즐거워하는 소리가 멀리 들렸느니라"(느 12:43).

제사장 스가랴의 목회학

성경에서 우리의 마음을 가장 아프게 하는 두 목회자(선지자, 제사장)를 들라고 하면 구약의 스가랴와 신약의 세례 요한이다.

필자는 제사장 스가랴를 깊이 주목하면서 그가 보여주고 남긴 목회학을 간단히 정리해 보고 싶었다.

스가랴의 가족 환경이 인상적이다

1) 외조모 아달랴

아달랴는 북왕국 이스라엘의 왕 아합과 왕비 이세벨 사이에서 태어났다. 이세벨이 악명 높은 여인임은 우리가 익히 아는 바다. '그 어머니에 그 딸'이라는 속설이 이 두 여인에게 맞는다. 그러나 이 아달랴에게서 여호사브앗이라는 현명한 딸이 태어났으므로 앞의 속설이 항상 맞는 말도 아니다.

스가랴는 사특한 외조모 아달랴의 외손자로 태어났으나 성향이 전혀 다른 제사장으로 성장한다.

2) 어머니 여호사브앗

성경에서 눈을 뗄 수 없는 아름다운 한 여인이 스가랴를 낳은 어머니 여호사브앗이다. 그러나 이 여인의 어머니는 사특한 아달랴요, 외조모는 희대의 사악한 이세벨이다. 그럼에도 그녀는 외가쪽의 허망된 '바알 우상문화와 폭력문화'를 단호히 거절하고 하나님의 법도와 다윗 왕가의 정통성을 목숨 걸고 지켜냈다. 이 신앙정신의 DNA가 모친 아달랴를 극복하면서 아들 스가랴에게 정확하게 전수되었으니 실로 감동적이다.

3) 아버지 여호야다

하나님의 말씀을 왕에게 가감 없이 선포하고 순교 당하는 스가랴를 보면서 우리는 자연스럽게 그 아버지인 '제사장 여호야다'를 주목하게 된다.

이 세상 사는 날들이 한가로울 때가 얼마나 되겠는가? 여호야다 역시 참 어려운 시대에 제사장직에 있으면서 태풍 전야의 유다왕국을 온몸으로 감싸 안으면서 하나님께 기도하고 있었다.

여호야다가 직면했던 가장 큰 난제는 과부가 된 왕비요 장모인 '아달랴'가 완전 이성을 잃은 채로 유다 왕실을 파멸시키는 폭정을 어떻게 저지시키느냐였다.

"아하시야의 어머니 아달랴가 자기의 아들이 죽은 것을 보고 일어나 유다 집의 왕국의 씨를 모두 진멸하였으나"(대하 22:10).

북이스라엘 아합 왕의 딸인 아달랴는 정략결혼의 일환으로 남유다 왕실로 시집 와 여호사밧 왕의 며느리가 됐다. 친정아버지 아합 왕과 비교하면 시아버지 여호사밧은 인품과 신앙이 탁월했으나 아달랴는 선한 영향력을 배우지 않고 친정 쪽(아합 왕과 이세벨 왕비)의 사특한 문화를 남유다 왕국에 이식시키고 있었다(대하 22:12; 24:7). 가장 사악한 짓은 유다왕국 즉 다윗 왕통의 씨를 모두 진멸한 악행이다(대하 22:10~11a).

이는 장차 오실 메시야 계보를 단절시키려는 사탄의 무서운 음모였다. 제사장 여호야다는 철저히 하나님의 편에 서서 거룩한 용기를 내어 아달랴의 사탄적 파괴 행위를 소탕하고(대하 23:1, 16~17). 다윗 왕통을 지켜냈다(대하 23:20~21).

외사촌 요아스 왕과의 대척관계

북쪽의 바알 우상문화를 남쪽에 이식시키려던 할머니(아달랴)의 손에 죽임당하기 직전 어린 왕자 요아스는 고모(여호사브앗)와 고모부(제사장 여호야다)의 손에 의해(대하 22:11~12) 6년 동안 성전에 숨겨져 자라나 마침내 왕위에 오른다(대하 23:9~11).

이것은 기적이었다. 위로 하나님의 절대적인 주권이요 아래로 고모 부부가 목숨을 걸고 이룩해 낸 눈물겨운 헌신이요 감동적인 희생과 개혁운동이었다(대하 23:16~18).

어린 요아스 왕과 여호야다의 아들 스가랴는 고종사촌이요 외사촌 관계로 이 숨 막히는 역사의 현장을 같이 지켜보면서 자랐다. 둘은 얼마든지 둘은 '젊은 왕과 젊은 제사장'으로서 난파 직전까지 몰렸던 유다왕국의 완전 정상화와 밝고 희망찬 미래를 위해 때로는 협력하고 때로는 경성하면서 아름다운 역사를 써나갈 수 있었다. 그러나 요아스 왕은 제사장 스가랴를 멀리하고 있었다.

여호야다가 죽은 후에(대하 24:15~17a)

성경에서 큰 인물이 "죽은 후에" 역사의 큰 반전들이 일어나는 경우를 종종 본다(수 24:31~32; 삿 2:10). 고모 여호사브앗과 고모부 여호야다 제사장 부부의 손에서 보호되고 양육 받아 왕위에까지 올랐다면 늘 경성하면서 하나님을 경외하고 백성들을 위해 힘껏 선정을 베푸는 것은 마땅한 일 아닌가! 그럼에도 요아스는 '유다왕국의 왕'이라는 정체성을 망각한 채 점점 불의와 불신앙의 길로 행한다(대하 24:17~19).

아버지를 이어 제사장 직무를 수행하고 있는 스가랴의 심정은 점점 참담해져 간다. 외사촌 요아스의 모습은 보이지 않고 권좌의 유혹 속으로 빠져들어 가는 왕위에 앉은 요아스를 지켜보아야 하는 스가랴의 심정은 바짝바짝 타들어 갔다. 목회의 현장은 때로 스가랴가 만나고 있는 이런 상황과 같을 수 있다. 따라서 항상 각오하고 대비하라.

하나님의 영이 감동시키시매(대하 24:17~22)

제사장 스가랴의 목회 활동 자료는 매우 제한적이다. 그러나 "이에 하나님의 영이 제사장 여호야다의 아들 스가랴를 '감동시키시매'"(20). 이 기록에 크게 주목해야 한다. 성령의 감동, 성령의 충만한 임재를 사모하고 갈망하는데 대부분 '능력 있고 은혜 충만한 목회를 하고 싶다'라는 이 기도를 한다. 그러나 여기 스가랴는 하나님의 감동을 받아 결국 순교의 길을 간다(21).

배은망덕과 배교의 길을 거침없이 걷고 있는 요아스 왕을 향해 "어찌하여 하나님의 전을 버리고 아세라 목상과 우상을 섬기는가? 다시 하나님께로 돌아오라. 어찌하여 여호와의 명령을 거역하느냐? 너희가 여호와를 버리므로 여호와께서도 너희를 버리신다." 이렇게 직격탄을 날렸다.

스가랴는 이스라엘 역사에서 위기에 처한 '다윗 왕가의 정통성'을 온몸으로 지켜낸 자랑스러운 부모님과 그리고 외사촌을 왕으로 둔 참으로 명예로운 환경 가운데서 제사장으로, 목회자로 위임을 받았다. 그는 '엄중하신 하나님의 말씀을 엄중하게 외치'고 순교의 제물로 하나님께 드려졌다(22절). 신약에서 스데반에게 스가랴가 투영된다(행 7:59).

베드로의 목회학

꼭 필요한 영적 지식 곧 '예수 그리스도 깊이 알기'를 강조하는 목회

우리는 오순절 성령강림(행 2장) 이후의 베드로에게 뜻밖(意外)의 모습을 발견한다. 실제로 예루살렘의 유대교 지도자들은 베드로를 비롯한 제자들을 '학문 없는 보통사람'으로 알고 있었다(행 4:13). 그러나 성령의 감동을 충만하게 받은 후(행 2:4) 베드로는 성경교사 또는 목회자로서 뛰어난 영적지식을 나타내 보인다.

사도행전을 보더라도 1~12장은 베드로의 사역 기록이 중심을 이루고 있는데 깊이 있는 성경 지식을 볼 수 있다. 특히 베드로전·후서를 보면 '신앙은 영적지식'과 보조를 같이해야 함이 매우 강조된다.

"연구하고 부지런히 살펴서"(벧전 1:10), "상고하니라"(벧전 1:11), "알게 되었으니, 알린 것이요 살펴보기 원하는"(벧전 1:12), "알거니와/알린바 되신"(벧전 1:18, 20), "앎으로 말미암아/알기에 게으르지 않고"(벧후 1:3, 8), "일깨워 생각나게 하려"(벧후 1:13, 15), "먼저 알 것은"(벧후 1:20).

오직 '예수 믿음'으로 구원의 확신을 가지라

로마서를 통해 구원의 도리를 풍부하게 배우고 목회에 필요한 도움을 깊이 있고 다양하게 받는다. 그러나 사도행전과 베드로전후서를 새로운 시각 즉 '목회자 베드로'의 관점에서 바라보면 놀라운 발견을 하게 된다. '오직 예수 믿음으로 구원의 확신을 가지라'는 베드로의 목회학적 강조가 그 어떤 사도보다 못하지 않다는 사실이다. 특히 예수 그리스도의 피 뿌림, 부활, 재림, 이 세 가지 사실(벧전 1:2~3, 7)을 믿음으로 받아들일 때 거듭남과 소망과 하늘의 유업이 주어지면서(벧전 1:3) 은혜와 평강을 누리게 된다(벧전 1:2)는 가르침은 놀라운 영적 통찰이다.

예수 그리스도께서 육신을 입고 이 땅에 오사 인류 구원을 위해 십자가에서 희생되신 것은 분명한 역사적 사실이므로 이분을 믿음으로 받아들일 때 구원은 확실하다(벧전 1:7~9; 행 2:22~24, 31~39, 3:13~19).

교회 안에서 '영적 질서'를 세우라

사도 베드로는 사도행전 15장과 베드로전서 5장에서 땅 위의 교회들은 '영적 질서'가 있어야 하고, 이 질서를 모든 구성원이 겸손하게 따라야 할 것을 진지하게 강조한다.

사도행전 15장에 기록된 '예루살렘교회 회의'를 '제1회 세계교회 회의'라고 부르기도 한다. 이 첫 회의에서 베드로는 아주 자연스럽게 회의를 주재한다(행 15:6~7). 그리고 영적 질서를 분명하게 세워주므로 각처의 교회들이 건강하게 서 가도록 돕는다.

유대인과 이방인 문제, 복음, 성령, 이신칭의(행 15:9), 오직 은혜(행

15:11), 차별금지(행 15:19), 우상, 음행, 피, 안식일, 회당, 성경 등 신앙생활의 여러 문제에 대하여 올바르게 해석을 내놓음으로 교회 안에 영적 질서가 아름답게 세워져 간다(행 15:22~31). 특히 목회자들과 젊은이들이 영적 질서에 순응하는 것이 중요함을 강조한다(벧전 5:1~11).

나도 사람이라

기나긴 교회 역사 속에서 로마교회가 베드로의 수위권을 운운하면서 교황권의 정당성을 주장하고 유지하려고 베드로의 이름을 이용하고 있는 것은 매우 부정직하고 부도덕하다. 성경 그 어디에도 베드로의 수위권은 없다. 이는 베드로 자신도 전혀 원하는 바가 아니다. 오히려 베드로는 행여나 교회나 사람들이 자신을 다른 사도들보다 우위로 여기거나 사람 이상의 특별한 존재로 우대할까봐 극히 조심한다.

사도행전 10장에서 베드로가 취하는 자세와 의견 표현은 아주 명쾌하다. 가이사랴에 주둔하던 로마군 장교 고넬료가 사도 베드로를 초청하여 '가족 부흥 사경회'를 열게 됐다. 베드로가 도착했을 때 백부장 고넬료는 너무 반갑고 고마운 생각이 들어 사도의 발 앞에 엎드려 절을 하는데 베드로는 깜짝 놀라면서 고넬료를 붙잡아 일으키면서 "일어서라 나도 사람이라"고 외친다(행 10:25~26). 얼마나 명쾌한 태도인가! 이때 베드로는 특히 두 사건(마 16:22~23, 69~75)이 떠올랐으리라.

성경의 권위를 강조하는 목회

"[20]먼저 알 것은 성경의 모든 예언은 사사로이 풀 것이 아니니 [21]예언은 언제든지 사람의 뜻으로 낸 것이 아니요 오직 성령의 감동하심을 받은 사람들이 하나님께 받아 말한 것임이라"(벧후 1:20-21).

이는 교회 역사에서 '성경의 신적 권위'를 논할 때 소중하게 언급되는 근거가 되고 있다. 베드로의 자기 신앙과 복음전파 그리고 목회에 있어서 성경의 권위에 대한 확신과 강조는 절대적이다.

"²³너희가 거듭난 것은 썩어질 씨로 된 것이 아니요 썩지 아니할 씨로 된 것이니 살아 있고 항상 있는 하나님의 말씀으로 되었느니라, ²⁵오직 주의 말씀은 세세토록 있도다 하였으니 너희에게 전한 복음이 곧 이 말씀이니라"(벧전 1:23, 25).

목회의 열매를 당장 거두기에는 이적과 기사가 효과적일 수도 있다. 베드로만큼 이적과 기사를 많이 경험한 자도 없을 것이다. 그는 예수님의 가장 가까이에서 수없이 많은 기적과 이적을 보았다(요 21:25; 벧후 1:16). 그럼에도 베드로는 이적과 기적을 앞세우는 목회를 하지 않고 철저히 성경을 앞세우는 '말씀의 목회'를 강조하면서 실천했다. 사도행전 2~5장과 베드로전·후서에는 "경에 일렀으되"로 시작되는 말씀이 계속 나타난다. 목회는 성경으로 충분하고 또 성경으로 목회해야 영적인 역사가 일어난다(벧전 3:1).

이단을 엄격하게 경계하라

베드로전후서는 여덟 장으로 구성되어 있다. 그런데 베드로후서 2장 전체가 이단을 엄격하게 경계하는 데 할애됐다. 베드로전후서에서는 이단을 '거짓 선지자, 거짓 선생'으로도 표현한다. 기독교 초기에 벌써 이단이 기승을 부리고 있었다는 것이 놀랍다.

우리 교회(기독교)를 괴롭히고 혼란스럽게 만드는 자가 교회 밖의 세상이 아니라 교회 안에 도사리고 있는 거짓 무리라는 것이 우리를 슬프고 더 피곤하게 만든다.

사도는 이단의 특징을 '거짓말, 그리스도 예수를 부인, 호색, 복음 비방, 탐심, 말을 지어냄, 결국 망함'으로 단호하게 단정 짓는다(벧후 2:1~3). 그리고 이단에 대해서는 하나님께서 용서치 않으시고 '가장 엄중하게 심판하실 것'을 강력하게 밝히고 있다(벧후 2:4, 20).

바울의 목회학 ①
사도행전에 나타난 바울의 목회학

안식일, 회당, 성경

바울은 사역을 시작하면서 하나의 원칙을 세운다. 안식일에 각 지역 회당을 순회하며 철저히 성경을 읽고 해석하고 가르치는 데 중점을 두는 목회를 보여준다(행 13:14~16).

바울은 이 세 가지 기준(안식일, 회당, 성경)을 이스라엘, 소아시아, 지중해 섬 지역 그리고 유럽 땅을 순방하는 선교와 목회 여정에서 중요한 원칙으로 견지했다.

목회를 하다 보면 '자기 열심'에 도취되어 아름다운 영적 전통이나 심지어 '절대적 표준인 성경'마저 가볍게 여길 수 있다. 그래서 말씀보다(행 6:2) 목회자의 취향, 철학, 유행을 앞세우는 오류를 범할 수 있다.

목회는 결코 세속적인 수단이나 실력으로 되는 것이 아니다(고전 2:1, 13). 목회의 무기는 '하나님의 말씀'이다(엡 6:16; 시 119:50; 히 4:12~13). 안식일(주일)과 회당(교회)은 성도들을 보호해주는 영적 울타리들이다. 이 울타리 안에서 말씀이 왕성할 때 교회는 든든히 서 간다(행 6:4, 7).

성령의 보내심을 받아, 성령이 충만하여

바울의 목회 출처는 성령이시다(행 13:2, 4). 목회의 능력 또한 성령으로 충만해진다(행 13:9; 고전 2:9~14). 바울은 자신이 절제가 필요할 때, 사역의 향방을 알고 싶을 때 철저히 성령의 가르침과 인도하심에 의존했다(행 20:22, 23, 28, 15:28, 16:6, 7).

'다메섹에서 영적 체험' 이전의 바울은 '율법과 자기 신념' 위에 신앙을 세웠으며 그것으로 충분하다고 확신했다. 그 외 다른 무엇도 필요하지 않다고 생각했다(갈 1:13~14). 그래서 자기 열심으로 무엇이든 해낼 수 있다고 믿었다. 하지만 다메섹 도상의 체험 후 그는 철저하게 성령님을 사모하고 성령님께 전폭적으로 의존하는 목회자가 됐다.

우리도 여러분과 같은 사람이라

바울을 비롯하여 초대교회 사도들은 이 같은 정체성(자기 분수를 아는 자세)이 확고했다(행 10:25~26, 14:15; 약 5:17). 심지어 건전한 천사들도 그리한다(계 22:8~9). 슬픈 것은 로마 교황의 '무오류설' 교리를 거부하고 항의한 중세 종교개혁자들의 뒤를 따른다면서 자신이 목양하는 교회에서 성도들을 겁박하면서까지 자신의 '우월성'을 노골적으로 강변하고 과시하는 목회자들이 더러 나타나는 현상은 참으로 부끄럽고 통탄할 일이다. 우리보다 탁월한 사도들의 겸손을 기억하자.

하나님께로 돌아오라

목회의 제 1과제가 무엇인가? 에덴을 떠난 인생 즉 하나님을 떠난 인생을 다시 하나님께로 돌이키는 일이다. 이는 하나님의 뜻이요 소원이다(사 55:6~7; 말 4:6). 하나님께로 돌아가야 하는 이유는 무엇인가? 그것이 사는 길이기 때문이다. 에덴에서 최초의 사람 아담은 하나님에게서 멀어지는 것, 하나님을 떠나 살 때 거기에 '자유와 만족'이 있을 줄로 착각했다. 안타깝게도 그 이후의 인류 역사도 하나님에게서 멀어지려고 몸부림치는 만용의 역사였다(시 14:1, 2:1~4; 사 1:2~6).

21세기 우리 시대의 목회는 본질을 지키고 있는가? 본질에서 너무 멀리 떠나있는 것은 아닌가? 사람들을, 영혼들을 '하나님께로 돌이키는 목회'로 집중하자. 진지한 반성과 함께(행 14:15, 17:23).

처음처럼(첫날부터 지금까지)

"¹⁷바울이 밀레도에서 사람을 에베소로 보내어 교회 장로들을 청하니 ¹⁸오매 그들에게 말하되 아시아에 들어온 첫날부터 지금까지 내가 항상 여러분 가운데서 어떻게 행하였는지를 여러분도 아는 바니"(행 20:17~18).

하나님이 그러하시고 말씀이 그러하다. '변함이 없으시고 회전하는 그림자도 없으시다'(약 1:17). 예수 그리스도와 그의 복음도 언제나 동일하시다(마 28:20; 히 13:8; 벧전 1:25). 성령님도 한결같이 우리와 함께 해 주신다(요 16:7; 고후 13:13). 따라서 이 복음을 증거하는 목회도 변질이 없어야 하고 흔들림이 없어야 한다. "첫날부터 지금까지… 항상"(행 20:18). 바울의 목회 정신을 보여준다. 겸손과 인내로써(행 20:19)!

순교적 목회정신

'신앙의 정통과 순교정신'으로 목회를 시작하자. 이것은 바울이 보여준 목회정신이다(행 20:22~24, 21:13). 이는 단순히 인간적 의지나 용기를 독려하는 것이 아니다. 우리가 가진 이 '복음'이 너무 귀중하고 너무 아름답다. 이 복음은 우리의 생명을 영원한 생명으로 이끌어간다. 따라서 이 복음을 위해서라면 목숨마저도 내어드릴 수 있다는 것이다(행 20:24, 21:13; 고후 12:15; 빌 3:8~9).

오늘처럼 세속적 안락함에 안주하고픈 유혹이 만연할수록 순교적 목회정신을 서둘러 회복하자.

오로지 양 떼를 위하여

"여러분은 자기를 위하여 또는 온 양 떼를 위하여 삼가라 성령이 그들 가운데 여러분을 감독자로 삼고 하나님이 자기 피로 사신 교회를 보살피게 하셨느니라"(행 20:28).

바울은 목회자가 안일주의에 빠지거나 '더러운 이득을 탐'하는 침륜에 빠지지 않도록 크게 경계한다. 목회자는 '오로지 양떼를 위해' 살아야 하고 존재해야 한다(행 20:31~35).

초대교회 사도들과 앞 세대 선배들과 비교할 때 우리는 많이 흐트러져 있다. '나의 안위'에 많이 집착한다. 정신을 가다듬자. '오로지 양떼'를 위해서.

바울의 목회학 ②

분쟁을 피하라

아담의 후손이라는 한계 때문일까? 삶의 현장에서 가장 쉽게, 가장 많이 발생하는 일이 '분쟁'이다. 그 결과 가장 심한 상처를 남기는 것도 분쟁이다.

분쟁은 이미 에덴동산에서 시작됐다. 하와를 향해 "내 뼈 중의 뼈요 살 중의 살이로다"라고 극찬을 보내던 아담이 먹물이 마르기도 전에 "저 여자가 나를 꾀므로 제가 하나님께서 금하신 선악과를 따먹었나이다." 라고 했으니 아담과 하와 부부가 그 긴 세월(아담은 930세를 향수했다!) 살아가면서 '분쟁'이 잦았을 것은 불을 보듯 뻔하다. 그러니 아담의 후손 된 우리 역시 원치는 않으나 가정, 교회, 사회에서 쉬지 않고 분쟁의 '유혹과 위험'에 내몰리고 있다(롬 5:12).

우리는 그리스도를 '주님'으로 고백하는 한 가족이다(요 1:12~13). 따라서 '같은 말을 하고 같은 마음을 가지고 같은 뜻'으로 온전히 하나가 되어야 한다. 우리는 다 같이 '예수님!' 하고 부르며, 예수님께서 주시는 은혜와 평강을 받으며 예수님의 나타나심을 기다린다. 무엇보다 예수님의 몸 된 교회를 함께 섬기고, 예수님과 신비한 교제도 함께 누린다. 그러니 우리끼리 분쟁한다는 것은 모순 중의 모순이다(고전 1:11, 13).

나를 숨기고 십자가만 드러내라

인간이 가질 수 있는 가장 큰 위험은 자신을 과시하고 끝없이 높아지려는 욕심이다. 에덴동산에서부터 이 욕망이 꿈틀거리기 시작했다.

"너희가 그것을 먹는 날에는 너희 눈이 밝아져 하나님과 같이 되어 선악을 알 줄 하나님이 아심이니라"(창 3:5).

이 유혹을 피하지 못하므로 수많은 인간이 성공의 정점에서 멈추거나 절제하지 못하고 '과욕'을 부리므로 비참하게 추락하고 자멸했다.

아담(창 3:19), 애굽 왕 바로(출 15:28), 사울 왕(삼상 15:12, 30:6), 아합 왕(왕상 21:21~26), 느부갓네살(단 4:28~33), 헤롯 아그립바1세(행 12:33) 그리고 인류 현대사에서 독일의 히틀러, 일본의 자칭 천황, 소련의 레닌과 스탈린, 중국의 모택동, 북한의 김일성, 이라크의 사담 후세인 등을 보라. 한 줌 흙으로 끝나버릴 자기 인생을 그토록 우상화하고 절대화할 것이 무엇 있는가?

이 중에서도 압권은 사탄이다. 그는 원래 '충분히 아름다웠던 천사장'이 아니던가! 그가 하나님의 자리에까지 높아지려는 과욕을 부리다가 추하고 사악한 마귀로 전락하지 않았던가(계 12:7~10).

목회자들 역시 문제 많던 아담의 후손인 사실을 한시도 잊지 말자(롬 7:18~24). 베드로처럼(행 10:26), 바울처럼(행 14:11~18; 딤전 1:15) 하라. 사람들이 지나치게 칭찬하고 미화할 때 정신을 바짝 차리고 "이러지 마시오, 오직 삼위 하나님만을 찬양하시오!"라고 단호하게 선을 그어야 한다.

목회자는 오로지 '예수 그리스도와 그의 십자가 구속의 복음'만을 외치고 드러내고 자랑해야 한다(고전 1:18, 2:1~5; 갈 2:20, 4:19, 6:14, 17; 롬 1:16; 행 20:24; 빌 1:20~24). '진정한 생명'의 주요 만왕의 왕이신 우리 주 예수 그리스도의 이름과 그의 복음, 그의 피로 세워진 교회 그리고 성도들이 잘 되고 든든히 세워질 수만 있다면 목회자는 고생, 수고, 심지어 모욕과 박해까지도 감수할 각오를 가지라고 바울은 당부한다(고전 4:8~14).

자제하고 절제하라, 오직 교회의 덕을 세우라

성격이나 신앙의 유형 등이 참으로 다양한 색깔을 띠고서 하나의 교회를 이루는 것이 '지상교회'이다. 하나님께서 주신 재능이나 은사가 참으로 다양하다. 여기다가 목회자를 향해 기대하는 바와 요구하는 점도 다양하다. 각양각색의 성향, 기질, 주장, 기대감, 다양한 목소리로 가득 찬 양떼를 위해 목양한다는 것은 결코 쉬운 일이 아니다. 때로는 멋있고 화려(?)해 보이는 목회의 외양만 보고서 섣불리 목회의 길로 접어들다가는 큰 낭패를 당할 수 있다.

바나바의 생질 젊은 마가가 이 같은 시행착오를 범한 일이 있다. 이 사건 때문에 위대해 보이던 목회자 바나바와 바울 사이가 심각한 갈등과 충돌로 번졌던 적이 있음을 성경은 기록으로 남기고 있다(행 15:36~39).

보통사람들의 사회생활도 예의와 품격과 조화와 안정을 유지하기 위해 서로서로 절제하기를 힘써 노력한다. 그리하여 '성숙한 사회'를 만들어 간다. 그렇다면 하늘의 부르심을 받아(히 3:1) 존귀하신 주 예수 그리스도의 피로 말미암아 '값 주고 사신 바 된' 주님의 백성들을 기르고 돌보고 목양하는 이 영광스럽고 위대한 목회현장에서는 더 말할 나위가 없으리라!

목회자가 자기 감정, 자기 언어, 자기 행동을 지혜롭게 자제하고 절제하면서 늘 아비의 마음과 어미의 심정으로 목양함은 너무나 마땅하다(살전 2:7, 11; 고전 4:14~16). '이것이 옳으냐? 그르냐? 내가 누릴 수 있느냐? 아니냐?'라고 하기보다는 항상 '교회에 덕이 될 것인지! 아닌지'를 먼저 살펴보는 습관을 지니자(고전 8:9, 9:18~19, 10:23~24).

그러면서도 자유하라–자유를 누리면서 목회하라

목회가 항상 부담스럽고 무거운 짐으로만 느껴져 아무 기쁨도 없고 억지로 사역을 한다면 이는 불행할 수밖에 없거니와 주님께서도 결코 기뻐하지 아니하신다. 특히 목회자는 '자유함'이 있어야 한다. 목회를 억지로 하거나 항상 침울한 마음과 근심 어린 표정으로 양떼를 대한다면 피차 불행해진다.

"하나님의 나라는 먹는 것과 마시는 것이 아니요 오직 성령 안에 있는 의와 평강과 희락이라"(롬 14:17).

사람에게 가장 소중한 가치는 '자유'이다. 자유야말로 사람을 사람답게 해 준다. '하나님의 형상'을 따라 창조된 인간에게 하나님께서 부여하신 최고의 선물이 자유이다. 예수님도 이 진리를 확인해 주시고(요 8:32), 이 자유를 주시려고 친히 십자가 희생을 하셨다(요 8:36; 갈 5:1; 골 1:13~14). 그러므로 목회자가 먼저 이 자유를 누려야 한다.

자유의 근원(원천: 뿌리, 출발)은 하나님이시다. 사탄과 죄와 죽음이 이 자유를 가로막는다. 이 자유를 훼방하고 빼앗고 파괴한다. 그러나 주 예수께서 십자가 대속으로 말미암아 사탄과 죄와 죽음을 깨끗이 정복하셨다(롬 8:31-39). 이들 세 대적(원수)은 이미 결박당했고 힘을 잃었다.

우리는 예수 그리스도와 그의 십자가 대속을 믿고 앞세우고 선포하면서 자유를 누리면 된다. 그리스도로 말미암아 성령님으로 자유를 누리면서 목회할 때(고전 9:19; 갈 5:13~18) 자연스럽게 양떼들은 행복해하고 교회는 평안하여 든든히 서가게 될 것이다.

바울의 목회학 ③

분수를 지키는 겸손

내가 믿는 예수 그리스도의 위대하심을 알고(엡 1:17~23, 3:18~19; 빌 2:6~11), 그분의 사신이 되어 그분을 전하는 목회자라면 자기 분수를 지킬 것이다.

사람은 하나님을 늘 의식하면서 살기보다 당장 눈앞에 보이는 사람을 의식하면서 사는 것을 좋아한다. 이것에 익숙하고 습관화되어 있다. 그러다 보니 쉽게 자신의 분수를 넘는 경우가 많다(고후 10:12~15).

바울은 이 유혹에서 벗어나려고 의지적으로 노력하고 있다(고후 10:13). 어떻게 분수를 지킬 수 있는가? 바울은 자신이 가진 로마 시민권, 바리새파의 정통성, 학문적 우위성 같은 것에 함몰되기보다 자기 내면에 숨어있는 죄성(딤전 1:15)과 모순투성이의 연약함(롬 7:18~24)을 분명히 느끼고 고백한다. 그래서 사람들과 비교하여 자신이 더 우월하다는 자기만족이 참으로 유치하다는 것을 일찍부터 확신했다(고후 10:15; 빌 3:3~9).

신자를 그리스도께 중매하는 목회

"내가 하나님의 열심으로 너희를 위하여 열심을 내노니 내가 너희를 정결한 처녀로 한 남편인 그리스도께 드리려고 중매함이로다 그러나 나는"(고후 11:2).

목회를 '중매'로 비유하는 것은 아주 적절하다. 세례 요한에게로 몰려오던 사람들이 그리스도께로 몰려가는 광경을 지켜보던 요한의 제자들은 매우 실망하여 스승에게 푸념을 늘어놓았다(요 3:26). 그러자 요한은 자신이 중매자 역할을 참 잘했다는 듯이 매우 흡족하여 이렇게 답한다.

"²⁹신부를 취하는 자는 신랑이나 서서 신랑의 음성을 듣는 친구가 크게 기뻐하나니 나는 이러한 기쁨으로 충만하였노라 ³⁰그는 흥하여야 하겠고 나는 쇠하여야 하리라 하니라"(요 3:29~30).

바울은 신자들을 '정결한 신부'로 단장시켜 그리스도께로 시집보내려고 '열심'을 다한다. 신자를 어떻게 정결한 신부로 단장시킬 수 있는가? 마음이 부패하지 않도록 잘 다듬어서 그 마음들이 그리스도를 향하도록 하는 것이다(고후 11:3). 어떻게 하면 신자의 마음이 오로지 그리스도를 향하도록 할 수 있는가?

"그리스도 안에서 일만 스승이 있으되 아버지는 많지 아니하니 그리스도 예수 안에서 내가 복음으로써 너희를 낳았음이라"(고전 4:15).

이단과 거짓 교훈들을 철저히 경계, 배격하고 '참된 생명의 복음'을 정확하게 부지런히 가르치는 것이다(딤후 4:2).

물질 문제에 깨끗하라

목회는 성도(회중)들로부터 '신뢰'를 얻지 못하면 그가 비록 진리(복음)를 외친다고 해도 성도들 마음속으로 스며들지 않는다. 사사시대의 엘리 제사장을 보라. 그는 진리(여호와 신앙)를 외치고 가르쳤으리라. 그러나 성경은 이렇게 증언하고 있다.

"아이 사무엘이 엘리 앞에서 여호와를 섬길 때에는 여호와의 말씀이 희귀하여 이상이 흔히 보이지 않았더라"(삼상 3:1).

엘리 제사장 시대를 가리켜 "(그 시대에) 말씀이 희귀하였다"라는 점은 엘리의 설교(가르침)가 백성들에게 먹혀들지 않았다는 뜻이리라. 어찌하여 이리되었는가? 슬프지만 여기에 해답이 있다.

"[13]그 제사장들이 백성에게 행하는 관습은 이러하니 곧 어떤 사람이 제사를 드리고 그 고기를 삶을 때에 제사장의 사환이 손에 세 살 갈고리를 가지고 와서, [15]기름을 태우기 전에도 제사장의 사환이 와서 제사 드리는 사람에게 이르기를 제사장에게 구워 드릴 고기를 내라 그가 네게 삶은 고기를 원하지 아니하고 날 것을 원하신다 하다가 [16]그 사람이 이르기를 반드시 먼저 기름을 태운 후에 네 마음에 원하는 대로 가지라 하면 그가 말하기를 아니라 지금 내게 내라 그렇지 아니하면 내가 억지로 빼앗으리라 하였으니 [17]이 소년들의 죄가 여호와 앞에 심히 큰은 그들이 여호와의 제사를 멸시함이었더라"(삼상 2:13, 15~17)

영적인 것과 물질적인 것은 병립하기 어렵다. 성도들은 목회자를 '영적 스승, 영혼의 인도자'이기를 기대한다. "우리는 세상 속에서 좌충우돌하면서 살다 보니 물질 없이 살 수 없습니다. 그래서 돈을 좋아합니다. 그러나 목회자는 우리와 다르셔야 합니다. 우리보다는 물질 문제에 초월해주셔야 합니다. 그래야 강단에서 선포하는 설교가 우리 마음에 다가옵니다." 성도들의 이 솔직한 기대에 바울은 서슴없이 답한다.

"[17]내가 내 자의로 이것을 행하면 상을 얻으려니와 내가 자의로 아니한다 할지라도 나는 사명을 받았노라 [18]그런즉 내 상이 무엇이냐 내가 복음을 전할 때에 값없이 전하고 복음으로 말미암아 내게 있는 권리를 다 쓰지 아니하는 이것이로다"(고전 9:17~18).

이단을 단호히 배격하라

목회현장에서 피곤한 문제 중 하나가 이단들의 준동이다. 한국교회는 전도관, 통일교를 비롯하여 끊임없이 발호하는 이단들로 많은 피해를 당해 왔다. 세상 사람들의 눈에 참된 정통교회와 거짓된 이단 무리가 선명하게 구별될 수 있는가? 이단은 초기 기독교회 때부터 등장했다. 베드로, 요한, 바울 사도는 예루살렘과 유대, 소아시아, 지중해 지역으로 쉴 새 없이 복음을 전하고 교회들을 돌보는 중에도 '이단의 침투와 훼방 작전'에 대해서는 엄격하게 경고하고 단호하게 대처했다.

어린 신자들에게 이단의 폐해를 설명하는 것이 쉽지 않다. 바울 사도는 이단들이 사탄과 단단히 연계되었으며 그 두드러진 특징이 '거짓말, 가장(假裝), 속임수, 미혹'이라고 밝힌다(고후 11:3~20).

복음을 받은 사람, 성령님의 밝은 빛 아래 있는 사람은 '참과 거짓'을 분별한다. 생명의 복음을 바르게 가르쳐서 성도들을 진리의 빛 속으로 걸어가게 하라(고전 2:1~5; 행 20:32; 고후 2:17).

오직 교회만을 위해

목회자는 누구인가? 예수께서 자기 피로 사신 교회(행 20:28)를 위해 부르심을 받은 자이다(행 20:28~32). 목회자는 교회를 위하여 사는 사람이다. 교회는 목회자의 모든 것이다(고후 11:28; 골 1:24). 교회를 위해 당하는 수모와 고통이 아무리 커도 교회가 너무나 소중하고 영광스럽기에 견뎌내고 이겨낼 수 있다(고후 11:23~33; 고전 4:9~15).

고린도후서 12장 15절 말씀은 바울 사도가 주 예수 그리스도께서 자신에게 맡겨주신 교회가 너무나 사랑스럽고 자랑스럽기 때문에 자신의 전부를 남김없이 쏟아붓는다고 고백하는 말씀이다. "내가 너희 영혼을 위하여 크게 기뻐하므로 재물을 사용하고 또 내 자신까지도 내어 주리니 너희를 더욱 사랑할수록 나는 사랑을 덜 받겠느냐."

바울 시대로부터 2천 년이 흘러서인가? '목회자들이여, 오직 교회만을 위해 목양하는가?' 이 질문을 꼭 해보고 싶다.

바울의 목회학 ④

교회 중직자의 자격

하나님께서는 구원 사역을 진행하는 데 있어서 교회와 사람을 세워 사용하신다. 우리가 놀라고 확신하고 감사해야 할 점은 하나님께서 이 놀라운 구원 사역을 진행하심에 있어 천사를 사용하지 않으시고 사람을 사용하신다는 것이다. 그렇기에 어떤 사람을 교회 중직자로 세워야 하는가는 매우 중요한 과제다.

1) 하나님의 나라를 간절히 사모하는 사람(딤전 3:1~2)

중직자는 '하나님의 나라' 개념을 정확하게 인식해야 한다. 이는 하나님께서 주인 되셔서 하나님의 창조와 섭리가 이 땅에 온전히 스며들어 확산하고 성취되는 것을 의미한다. 성경은 선명하게 해석한다.

"그런즉 너희는 먼저 그의 나라와 그의 의를 구하라 그리하면 이 모든 것을 너희에게 더하시리라"(마 6:33).

목사와 장로를 비롯한 중직자들은 직무를 수행할 때 자신의 야망을 성취하고 싶은 유혹에 항상 조심하면서 교회를 통해 오로지 하나님의 나라가 구현되기만을 사모해야 한다.

2) 건강한 시민으로서 자세를 구비한 사람(딤전 3:3~13)

교회 중직자가 되면 신령한 분야에 대부분 시간과 노력을 쏟다 보니 이 땅에서 살아가는 시민으로서의 감각이 떨어지거나 가볍게 생각할 위험성이 크다.

그리스도인 역시 '이 세상에 살면서' 하나님의 부르심(사명 또는 소명)에 응해야 하므로 이 세상 시민으로서도 신실하고 성실해야 한다. 그렇다면 교회의 중직자들은 더욱 모범적인 시민으로 처신함이 마땅하다(마 5:13~16; 고후 2:15, 3:3; 벧전 2:12).

3) 정통신앙으로 양육 받는 사람(딤전 4:6~9)

중직자에게 '믿음의 말씀과 좋은 교훈'으로 양육을 받아 자신을 무장하는 것은 필수적인 요건이다. 이것은 마치 병사를 지휘하게 될 군 장교가 최고의 지식과 최강의 훈련으로 자신을 구비해야 하는 것과 같은 이치다.

사탄이 첫 인류 아담과 하와에게 접근하여 하나님의 말씀을 왜곡하고 변질시켰다. 이후 사탄은 지속적으로 지상 교회의 정통신앙을 흔들고 변질시키려는 사악한 음모를 행했다.

지난 2천 년 교회의 역사를 통해 '사도적 정통신앙'을 굳건하게 지키고 전승해 온 선배 목회자들을 계승하여 그 사명에 깊이 헌신해야 한다.

4) 교회의 공회성과 질서를 소중히 여기고 순종하는 사람(딤전 4:14)
목회자들은 성경에 이 말씀이 있음을 정말 큰 행복으로 받아들여야
한다.

"네 속에 있는 은사 곧 장로의 회에서 안수받을 때 예언을 통하여 받
은 것을 가볍게 여기지 말며"(딤전 4:14).

하나님께서 아름다운 에덴동산에 아담 혼자 있는 점이 "보기에 좋지
않구나!"라고 말씀하셨다(창 2:18). 목회자는 자신이 '연약하고 부족함'
이 많은 평범한 사람임을 인정하고 당회, 노회, 총회를 통하여 유익한 충
고, 견제 그리고 격려와 지지를 받으므로 건강한 목회를 할 수 있다.

성도를 어떻게 양육할 것인가?
1) 특히 여자 성도들을 대하는 자세(딤전 5:1~16)
바울 사도가 목회자들에게 교회 안의 여자 성도들을 어떻게 대해야
할 것인가를 강조하고 있음을 우리는 진지하게 주목해야 한다. 성경은
그 원칙을 매우 단순하게 가르쳐준다. 나이 많은 여자 성도에게는 내 어
머니를 대하듯 하고, 젊은 성도에게는 온전히 깨끗함으로 친자매에게
대하듯 하면 된다. 교회 안의 과부 여자 성도는 하나님께 소망을 두고
주야로 항상 간구와 기도를 드리면 인간적인 외로움을 극복할 수 있을

뿐 아니라 교회 공동체로부터 '신뢰와 존대'를 받게 된다.

21세기 사회는 하나님의 창조질서에서 특히 결혼관이 성경과 많이 멀어지고 있다. 그럼에도 성경대로 가르치자.

"그러므로 젊은이는 시집가서 아이를 낳고 집을 다스리고 대적에게 비방할 기회를 조금도 주지 말기를 원하노라"(딤전 5:14).

2) 경건을 추구하는 성향을 지니게 하라(딤후 3:5, 12; 딤전 6:6~7)

인간이 가진 지성 중 가장 자신을 해치는 성향은 경건에서 멀어지고자 하는 것이다. 사람으로서의 정도를 벗어나고 싶어 하는 저속한 욕망이 자신의 내면에서 꿈틀거린다. 아무 맛도 없고 전혀 유익도 없는 선악과를 구태여 탐내다가 실낙원의 수치를 겪은 아담처럼 일탈하는 삶은 결국 후회와 탄식만 가득하다. 경건함에서 평강과 안식이 온다.

3) 진리를 힘써 배우고 지키는 성향을 지니게 하라(딤후 3:7~11, 4:3~4)

무엇이 진리며 어떻게 살면 진리에 이를 수 있는가? 예수 그리스도가 진리요 생명이다. 예수 그리스도를 자기 인생의 주인으로 모시고, 그분께서 걸어가신 길을 따라 걸으며, 그분께서 이 땅에 계시면서 보여주신 그 삶을 따라 살 때 평강과 생명이 있다(마 11:28~30).

교회 안에서 조심하고 경계할 것

1) '하나님의 형상'으로서의 기본적인 기준에 미치지 못하는 것을 조심

하고 경계하라(딤후 3:1~4)

우리는 이런 교훈을 알고 있다. 사람이 하나님의 형상을 따라 살면 천사의 수준까지 성숙할 수 있다. 하지만 자신을 비하하면서 '일탈과 무책임의 인생으로' 일관하면 악마의 수준으로까지 추락할 수 있다. 목회는 전자의 수준을 목표로 양떼를 목양하는 것이다.

2) 아름다운 이름 '그리스도인'으로서의 기준에 미치지 못하는 것을 조심하고 경계하라

"[12]우리를 양육하시되 경건하지 않은 것과 이 세상 정욕을 다 버리고 신중함과 의로움과 경건함으로 이 세상에 살고 [13]복스러운 소망과 우리의 크신 하나님 구주 예수 그리스도의 영광이 나타나심을 기다리게 하셨으니 [14]그가 우리를 대신하여 자신을 주심은 모든 불법에서 우리를 속량하시고 우리를 깨끗하게 하사 선한 일을 열심히 하는 자기 백성이 되게 하려 하심이라 [15]너는 이것을 말하고 권면하며 모든 권위로 책망하여 누구에게서든지 업신여김을 받지 말라"(딛 2:12~15).

우리는 확실히 믿는다. '그리스도인'이라는 이름만큼 아름답고 자랑스러운 이름은 없다. 이 이름에 자부심을 갖고 예수 그리스도를 닮는 그리스도인으로 살도록 가르치자.

3) 고귀한 교회 공동체와 신앙생활을 이용하여 개인적인 이득을 취하려

는 유혹을 조심하고 경계하라

"[10]불순종하고 헛된 말을 하며 속이는 자가 많은 중 할례파 가운데 특히 그러하니 [11]그들의 입을 막을 것이라 이런 자들이 더러운 이득을 취하려고 마땅하지 아니한 것을 가르쳐 가정들을 온통 무너뜨리는도다"(딛 1:10~11).

아간, 제사장 엘리의 아들들, 발람, 게하시, 아합 왕과 나봇의 포도원, 가롯 유다(행 1:17~18). 이들의 공통점이 무엇인가? 성경은 이들이 '더러운 이득'을 탐했다는 것을 경고의 의미를 담아 기록했다. 따라서 목회자는 자신과 공동체를 향해 늘 삼가야 하리라.

바울의 목회학 ⑤

주 예수를 위하여 갇힐 수도 있다

한국교회사를 살펴보면 한국 기독교 초기에는 유교와 미신이 뿌리 깊게 내려 있었다. 그래서 서구 기독교 사상의 국내 유입을 지극히 경계했다. 그럼에도 복음을 과감하게 전했다. 뒤이어 일제의 탄압과 특히 '신사참배 강요'라는 질곡 속에서 아울러 한국전쟁과 공산주의의 위협 속에서도 한국교회는 신앙을 지키고 복음을 전하기에 용맹분투 전진했다. 그러나 이 땅에 안정과 부요가 일상화되면서 한국교회 특히 목회자들은 '이 세대를 본받지 말라, 십자가를 지고 나를 따르라'는 주님의 부르심(召命)의 정신에서 많이 멀어지고 있다. 야성을 찾아보기 어렵다.

대선배 목회자 바울은 복음을 위한 각오와 자세를 밝힌다

"²²보라 이제 나는 성령에 매여 예루살렘으로 가는데 거기서 무슨 일을 당할는지 알지 못하노라 ²³오직 성령이 각 성에서 내게 증언하여 결박과 환난이 나를 기다린다 하시나 … ²⁴내가 달려갈 길과 주 예수께 받은 사명 곧 하나님의 은혜의 복음을 증언하는 일을 마치려 함에는 나의 생명조차 조금도 귀한 것으로 여기지 아니하노라"(행 20:22~24).

바울은 그 후 실제로 옥중에 갇혔으며 그 상황에서도 교회를 위한 목회자요 전도자로서 의연함을 전혀 잃지 않았다(행 16:22~28; 몬 1:1~3).

감옥에서 보내는 '은혜와 평강'의 인사

우리는 자유로운 시대에 살면서도 마음에 여유가 없고 감사에 인색하다. 무엇에 쫓기는지 늘 조바심 속에서 불평을 많이 한다. 참 부끄러운 모습이다. 바울 사도를 보라. 로마 옥중에 갇혔음에도 성도들에게 "하나님 우리 아버지와 주 예수 그리스도로부터 은혜와 평강이 너희에게 있을지어다"(몬 1:3)라고 문안했다.

목회자는 바울의 이 '영적 집중력'에 주목해야 한다. 자신은 감옥에 갇혀 있으면서도 그의 관심은 오롯이 교회를 향하고 있다. 자신은 신체적으로 정신적으로 질곡의 고통에 묶여있음에도 그의 신경은 사랑하는 양떼를 향해 곤두서 있다. 주 예수 그리스도로 말미암는 '은혜와 평강'을 축원하고 있다. 이것이 목회자의 자세다.

부모 역시 자신은 고통 중에 있더라도 자식은 건강하고 마음 편하게 살기를 바란다. 그렇다. 목회자는 교회가 '은혜와 평강'으로 든든히 서 가도록 목회해야 한다. 목회자는 행여나 자신의 실수나 과오로 교회가 은혜와 평강 대신 '갈등이나 혼돈'에 빠지는 일이 없도록 조심하고 근신해야 마땅하다(행 20:31~32).

목회자의 감사와 기쁨

무슨 일로 감사하고 무엇 때문에 기뻐하는가? 5천 년 한국역사에서 육신적으로 살기 좋은 시대이다 보니 우리도 모르는 사이에(벧후 2:9) 세속적 가치에 익숙해지고 있음을 부인할 수 없다(요일 2:15~16). 그리스도인도 유념해야 할 터이지만 목회자는 더욱 시대의 풍조를 무심코 따를 것이 아니고 하박국서의 가르침을 늘 염두에 두어야 한다.

"[17]비록 무화과나무가 무성하지 못하며 포도나무에 열매가 없으며 감람나무에 소출이 없으며 밭에 먹을 것이 없으며 우리에 양이 없으며 외양간에 소가 없을지라도 [18]나는 여호와로 말미암아 즐거워하며 나의 구원의 하나님으로 말미암아 기뻐하리로다"(합 3:17~18).

목회자는 세상이 알지 못하는 하늘의 기쁨에서 만족을 누리면서 살아야 한다.

"기록된바 하나님이 자기를 사랑하는 자들을 위하여 예비하신 모든 것은 눈으로 보지 못하고 귀로 듣지 못하고 사람의 마음으로 생각하지도 못하였다 함과 같으니라"(고전 2:9).
"하나님의 나라는 먹는 것과 마시는 것이 아니요 오직 성령 안에 있는 의와 평강과 희락이라"(롬 14:17).

성경을 묵상하면서 신앙의 세계를 살고, 주 예수 그리스도께서 피로 값 주고 사신 아름다운 교회를 목회하다 보면 하나님이 주시는 신령한 기쁨과 평강을 끊임없이 맛보게 된다.

"[19]우리의 소망이나 기쁨이나 자랑의 면류관이 무엇이냐 그가 강림하실 때 우리 주 예수 앞에 너희가 아니냐 [20]너희는 우리의 영광이요 기쁨이니라"(살전 2:19~20).

로마 옥중에서도 '항상' 하나님께 감사하고 기도하는 바울 사도의 흔들림 없는 목회 정신을 기쁘게 배우면서 목회현장에서 감사와 기쁨의 노래가 흘러넘치도록 하자(느 12:43).

목회·목양의 능력은 '사랑'이다

빌레몬서에서 발견되는 바울 사도의 목양 정신은 초지일관 '사랑'이다. 목회 연륜이나 그동안 베푼 희생적 사역만으로도 이제는 당당하게 명령해도 좋은 위치의 바울이었다(몬 1:8). 그럼에도 부드러운 사랑으로 양떼를 권하고 설득한다(몬 1:9a).

부활하신 주 예수님께서 베드로를 향해 당부하신 목양의 제 1정신은 '사랑'이다(요 21:15~17). 십자가에 죽으시기까지 우리를 사랑하신 주님의 그 사랑을 깨달아(롬 5:8) 주님이 맡겨주신 양떼를 그 사랑으로 목양하자(벧전 5:2~5; 요일 4:7~12). 주가 몸소 보여주신 목양의 자세는 시종일관 '사랑'이었다.

"유월절 전에 예수께서 자기가 세상을 떠나 아버지께로 돌아가실 때가 이른 줄 아시고 세상에 있는 자기 사람들을 사랑하시되 끝까지 사랑하시니라"(요 13:1).

"³⁴새 계명을 너희에게 주노니 서로 사랑하라 내가 너희를 사랑한 것 같이 너희도 서로 사랑하라 ³⁵너희가 서로 사랑하면 이로써 모든 사람이 너희가 내 제자인 줄 알리라"(요 13:34~35).

이 땅으로 우리를 찾아와 주시고 골고다에서 십자가를 통해 인류 대속의 희생을 완성하시기까지, 우리 주님의 행보에는 일관된 '하나의 원칙'이 있었다. 그건 바로 '사랑'이었다(요 3:16; 요일 4:19).

"⁴긍휼이 풍성하신 하나님이 우리를 사랑하신 그 큰 사랑을 인하여 ⁵허물로 죽은 우리를 그리스도와 함께 살리셨고 (너희는 은혜로 구원을 받은 것이라)"(엡 2:4~5).

그러니 우리 목회의 동기가 '하나님 사랑과 사람 사랑'이어야 할 것이요, 목회를 흔들림 없이 끌고 가는 동력 또한 시종일관 '사랑'이어야 한다(벧전 4:8). 실로 사랑이 결여된 목회는 '목회'라 할 수 없으리라(고전 12:31~13:2).

동역자들과 함께

바울 사도의 목회 여정에서 우리가 놓칠 수 없는 특징 하나는 그의 곁에 있는 많은 동역자이다. 에바브로, 마가, 아리스다고, 데마, 누가 그리고 디모데, 실라를 비롯하여 여러 동역자가 바울의 목회를 돕고 있다.

바울처럼 아주 특별한 은혜를 체험한 탁월한 목회자는 별도의 동역자 없이도 혼자 능히 목회 사역을 뛰어나게 수행할 수 있지 않을까! 그러나 아니다. 하나님께서는 우리가 연합하여 일할 때 기뻐하신다(시 133:1; 창 2:24). 삼위 하나님께서도 기쁨 가운데서 조화롭게 창조와 구원의 사역을 진행해 가신다(창 1:26~28, 31; 요 17:22, 26, 16:7).

유능한 목회자가 누구인가? 동역자가 많은 목회자이다. 함께 일하고 싶어 하는 목회자들이 당신 주변으로 모여든다면 당신은 좋은 목회자요, 축복받은 목회를 해나갈 수 있다.

"⁹두 사람이 한 사람보다 나음은 그들이 수고함으로 좋은 상을 얻을 것임이라 ¹⁰혹시 그들이 넘어지면 하나가 그 동무를 붙들어 일으키려니와 홀로 있어 넘어지고 붙들어 일으킬 자가 없는 자에게는 화가 있으리라 ¹¹또 두 사람이 함께 누우면 따뜻하거니와 한 사람이면 어찌 따뜻하랴 ¹²한 사람이면 패하겠거니와 두 사람이면 맞설 수 있나니 세 겹 줄은 쉽게 끊어지지 아니하느니라"(전 4:9~12).

요한의 목회학 ①

사복음서는 각각 특징을 갖고 있다. 공관복음은 이 땅에 오셨던 예수 그리스도를 인격적인 면모(왕으로서, 종으로서, 사람으로서의 모습)를 중점적으로 기록한 성경이라면, 요한복음은 예수님께서 그 근본이 하나님이시라는 전제 하에서 예수님이 이 땅에서 보여주셨던 목양적인 모습을 감명 깊게 보여주는 성경이다.

사도 요한은 예수님의 목양적인 심성과 행적에 깊은 감명을 받은 이후 자신이 수행하게 될 복음 사역의 방향성 즉 목회정신으로 삼았을 것이다. 그 증거는 그 후 그가 기록한 요한서신 즉 요한 1, 2, 3서에서 그대로 나타나고 있다.

목회는 문단속을 잘 해야

"¹내가 진실로 진실로 너희에게 이르노니 문을 통하여 양의 우리에 들어가지 아니하고 다른 데로 넘어가는 자는 절도며 강도요 ²문으로 들어가는 이는 양의 목자라 ³문지기는 그를 위하여 문을 열고 양은 그의 음성을 듣나니 그가 자기 양의 이름을 각각 불러 인도하여 내느니라"(요 10:1~3).

문단속이 필요한 것은 도둑 때문이다. 맹수가 가장 선호하는 먹잇감은 양떼다. 양은 순진하고 연약하다. 그러다 보니 맹수의 공격에 취약하기 그지없다.

목회현장에도 양을 호시탐탐 노리는 도둑들이 설친다. 도둑이 오는 것은 도둑질하고 죽이고 멸망시키려는 것뿐이다. 그러니 도둑들이 양떼를 넘보지 못하도록 목회자는 문단속을 철저히 해야 한다. 목회현장을 침투하여 도둑질을 일삼는 사악한 무리를 향해 성경은 경고한다.

"²⁹내가 떠난 후에 사나운 이리가 여러분에게 들어와서 그 양 떼를 아끼지 아니하며 ³⁰또한 여러분 중에서도 제자들을 끌어 자기를 따르게 하려고 어그러진 말을 하는 사람들이 일어날 줄을 내가 아노라"(행 20:29~30).

우리를 성가시게 괴롭히는 사특한 무리들은 이미 초대교회 때부터 그 음흉한 실체를 드러내기 시작했다. 이들에 대해서는 사도 바울도 단호하게 경계했다(고후 11:2~4, 13~15; 갈 1:6~9). 사도 요한 역시 아주 엄중하게 거짓 무리의 경계를 강조한다(요이 7~11).

목회는 '생명 불어넣기'다

"도둑이 오는 것은 도둑질하고 죽이고 멸망시키려는 것뿐이요 내가 온 것은 양으로 생명을 얻게 하고 더 풍성히 얻게 하려는 것이라"(요 10:10).

예수님은 우리를 고치고 치료하여 살려내려 오셨다(마 8:17, 9:12~13). 생명이 꺼져갈 것 같은 순간에도 우리를 포기하지 않으신다(마 12:20). 주께서는 생명과 영혼을 포기하지 않고 끝내 살려내는 목회를 하라신다(눅 15:4; 막 8:36).

욥은 삶의 여정에서 크게 상심하고 지쳐 쓰러지는 자를 외면하지 않고 '말로써' 붙들어 준다고 했다(욥 4:4). 안타깝게도 목회현장에는 목회자의 무심한 말과 행위 또는 세속적 욕망 때문에 양떼가 치명상을 입기도 한다.

"내가 그들에게 영생을 주노니 영원히 멸망하지 아니할 것이요 또 그들을 내 손에서 빼앗을 자가 없느니라"(요 10:28).

주께서 찾으시는 목회자는 양떼에게 생명을 불어넣기 위해 혼신의 힘을 다하는 목자이다.

목자와 양은 친밀감(intimacy)과
신뢰(trustworthy)에서 극치를 이룬다

목자는 자신이 맡아 돌보는 양의 수효가 얼마인지를 불문하고 각각의 이름을 알 수 있을 정도로 친밀해야 한다(요 10:3). 고인의 이름을 모르면서 "나는 저 교인과 친하다"라고 말한다면 그것은 말이 안 된다. 목회 여정에서 경험한 바로는 목회자가 성도들과 그 자녀들의 이름을 기억하고 불러줄 때 성도들은 목회자를 신뢰하고 따른다.

양은 목자를 전폭적으로 신뢰하므로 목자의 음성만 듣고서도 따른다(요 10:4~5, 14, 27). 양은 자신이 위험에 처할 때 목자가 목숨을 걸고 자신을 구해낸다는 것을 본능적으로 알고 있다.

"내가 진실로 진실로 너희에게 이르노니 문을 통하여 양의 우리에 들어가지 아니하고 다른 데로 넘어가는 자는 절도며 강도요"(요 10:11).

"²⁸내가 그들에게 영생을 주노니 영원히 멸망하지 아니할 것이요 또 그들을 내 손에서 빼앗을 자가 없느니라 ²⁹그들을 주신 내 아버지는 만물보다 크시매 아무도 아버지 손에서 빼앗을 수 없느니라"(요 10:28~29).

21세기에 사회의 구조나 문화 즉 시대의 풍조가 지극히 개인적이고 이기주의적이다. 이제는 각 가정을 보더라도 가족이 많지 않다. 부부와 자녀 한둘, 그리고 부모까지 합해서도 5~6명 정도이다. 그럼에도 부모와 따로 떨어져 살다가 부모의 나이가 많아지고 몸이 불편하게 되면 요양병원으로 보내는 것을 당연한 것처럼 생각한다. 물론 집에서 노쇠해진 부모를 모시기가 어려운 사회구조이다.

이 얼마나 슬픈 일인가! 그러나 교회는 달라야 한다. 사회와 이 시대의 인정은 야박해져 가더라도 목회자는 오히려 교회 안에 '친밀감과 신뢰'가 넘쳐나도록 인간미 있는 목회를 해야 한다.

목자는 양과 다투지 않는다

"그는 다투지도 아니하며 들레지도 아니하리니 아무도 길에서 그 소리를 듣지 못하리라"(마 12:19).

나는 예수님의 이 말씀을 목회 철학의 한 축으로 삼아왔다. "철없는 어린 조카와 싸우지 말고 점잖은 삼촌이 참아야 한다. 나이든 어른이 참아야지!"라는 말이 있다.

옳은 말이다. 어른과 아이가 싸운다면 사람들이 누구를 나무라겠는가? 목자가 양을 상대로 다툰다는 것은 어울리지 않을뿐더러 부끄러운 일이다. 예수님은 이 땅에 계실 때 다투지 않고 자신을 드러내지도 않으셨다. 목자의 길, 스승의 길, 구세주의 길을 묵묵히 걸어가셨다(사 53:7).

때로는 참고 기다리며 침묵하는 것이 답답하고 서럽기도 하지만 어느 시점이 되면 '아, 그때 잘 참았구나! 맞대응하지 않은 것 참 잘했구나! 침묵하면서 기도만 했던 것 참 잘했구나! 하나님, 감사합니다.' 이렇게 고백하면서 스스로 감동하고 자부심을 느끼는 날이 분명히 온다. 이것이 목회다(사 53:4~6; 마 26:56; 막 14:50; 눅 15:4~6; 요 13:7, 18:8, 20:19, 21:15).

요한의 목회학 ②

쉽게 정죄하지 않는 목회

(요 8:10~11; 롬 8:33~34; 마 6:14~15, 7:2~5)

목회를 하다 보면 아주 드물지만 권징을 해야 할 경우가 발생할 수 있다. 물론 7~80년대 교회와 비교하면 실제로 권징하는 경우는 거의 없다. 그 시절보다 도덕적으로나 윤리적으로 향상되었기 때문은 아니다. 그럼에도 불구하고 목회자가 항상 염두에 두어야 할 것은 '쉽게 정죄하는 목회가 되지 않도록' 조심해야 한다는 것이다.

우리는 본성적으로 자신에게는 관대하지만 남에게는 엄격하다. 하나님은 용서할 줄 아는 사람을 용서하신다. 남의 작은 죄는 잘 보이지만 내 안의 큰 죄는 잘 안 보인다. 그러다 보니 다른 사람을 쉽게 정죄하면서도 자신의 허물을 들여다보고 반성할 줄 모른다.

더 중요한 점은 "저 사람은 문제투성이야"라고 말하고 싶어도 예수님께서는 그 사람을 이미 용서하셨을 수 있다는 점이다(요 8:10~11). 그리고 어떤 사람(성도)이 자신의 실수(죄) 때문에 이미 세상에서 상당 기간

많은 비난과 공격을 받았다면 교회는 그를 정죄하기보다 치유하여 회복시켜주는 목양이 되어야 할 것이다.

사람을 자유케 하라(요 8:32~36)

요한복음에서 가르치는 큰 주제는 '자유'다. 예수님께서는 이 땅으로 성육신하신 목적을 분명하게 밝혀주셨다. 인간은 죄와 죽음에 묶여있었다. 그 결과 공포와 절망으로 서서히 죽어가고 있었다(물론 원리상으로는 이미 죽었다. 엡 2:1).

이 절망의 배후에는 당연히 사탄이 버티고 있다. 예수님께서는 이 세 가지 원수 즉 '죄, 죽음, 사탄'으로부터 우리를 자유케 해 주시려고 이 땅에 오셨다. 이 자유를 완성하시고자 십자가에서 죽어주셨다(롬 5:6, 8). 이를 예수 그리스도의 '대속적 죽음'(代贖的 十字架刑罰)이라고 한다.

하나님께서는 우리가 그리스도 예수 안에서 자유를 누리면서 살기를 진심으로 원하신다(갈 5:1). 성령님께서도 지금 "자유하면서 즐겁게 살아라"고 우리를 격려하고 계신다(롬 14:17; 갈 5:22~23). 그러므로 목회는 성도들로 자유케 할 수 있도록 격려해 주어야 한다. 자유를 위해 예수님께서 이 땅에 오셨음을 잊지 말자.

사람들로 보게 하라(요 9:7, 15, 35~41)

조상 아담의 범죄로 말미암아 영과 육이 타락해버린 인생에게 나타난 비극 중 하나는 '마땅히 보아야 할 것'은 보지 않고 '보지 않으면 좋을 것'은 열심히 보려고 하는 점이다. 아브라함의 조카 롯은 소돔 성에 살면서 소돔의 타락한 문화를 보고 들었다. 그 결과 그의 영혼까지 상하고 타격을 받았다(벧후 2:9). '말씀과 기도'로 우리의 영혼이 맑아지게 되면 엄청난 세계를 볼 수 있다(요 9:7, 15, 35~41).

게하시는 사마리아 성을 포위한 눈앞의 아람 군대만을 봤지만 엘리사 선지자는 사마리아 성 위에서 하늘을 뒤덮고 있는 하늘의 군대를 봤다. 그러니 두 사람의 신앙과 삶의 질은 그 차이가 엄청난 것이다.

이 말씀은 우리를 크게 고무시켜 준다.

"기록된 바 하나님이 자기를 사랑하는 자들을 위하여 예비하신 모든 것은 눈으로 보지 못하고 귀로 듣지 못하고 사람의 마음으로 생각하지도 못하였다 함과 같으니라"(고전 2:9).

성도로 하여금 지금 눈에 보이는 것에 일희일비하지 않고 영원한 세계까지 볼 수 있도록 도와주는 목회는 가치 있고 보람 된다(고후 4:18).

끝까지 사랑하라 (요 13:1, 14:18; 롬 5:6, 8, 10)

'사랑'에 대한 이론은 간단명료하다. 하나님께서 '죽어 마땅한 우리 인생'을 무조건 사랑해주심으로 '사랑'이라는 단어가 우리를 찾아왔다(요일 4:10, 19). 자신의 독생자 예수 그리스도를 이 세상에 보내주심으로 우리를 향한 하나님의 사랑은 의심의 여지없이 확증됐다(요 3:16; 롬 5:6, 8, 10; 요일 3:16, 4:9). 그러므로 성경의 주제는 '하나님의 사랑'이요, 우리가 전파할 복음의 주제도 '예수 그리스도의 십자가 사랑'이다(고전 1:18;

딤전 1:15). 따라서 목회는 전 과정이 '사랑'이어야 한다.

사랑 없이 하는 목회는 헛된 몸부림일 뿐이다(벧전 4:8; 고전 13:1). 하나님의 그 크신 사랑으로 내가 구원 받았으니(엡 2:4), 주가 피로 값 주고 사신 주님의 양떼를 오로지 '사랑으로' 목양해야 함은 너무나 당연한 이치다. 혹 너무 어리거나 철이 없어서 애먹이는 양이 있더라도 집 나간 아들을 끝까지 기다려주던 그 아버지의 마음으로 목양해야 한다(눅 15:4, 20).

성령님을 소개해 주라(요 14:16, 26, 15:26, 16:7; 행 1:4~8)

요한복음의 목회학에서 우리가 새롭게 주목하고 강조해야 할 것은 '성령님'이시다. 이 주제가 중요한 것은 예수님께서 아주 자상하게 우리에게 성령님을 친히 소개하신다는 사실 때문이다. 목회자는 요한복음 14장 16~17절과 15장 26절 말씀을 깊이 묵상해야 한다.

"그러나 내가 너희에게 실상을 말하노니 내가 떠나가는 것이 너희에게 유익이라 내가 떠나가지 아니하면 보혜사가 너희에게로 오시지 아니할 것이요 가면 내가 그를 너희에게로 보내리니"(요 16:7).

예수께서 인류 대속의 사역을 완성하시고(요 19:30) 승천하신 후 성령님께서 우리를 돌보아 주신다. 그래서 예수님은 성령님을 '보혜사'(保惠師)라고 하셨다(요 13:1, 14:18, 16:7). 이 성령님을 양떼들에게 소개시켜 주는 목회자는 행복한 목회자이다.

요한의 목회학 ③

교회를 해치는 이단세력을 경계하라

슬프게도 우리를 해치는 세력이 공동체 안에 존재할 수 있다. 가정, 사회 심지어 교회 안에도 심각한 적대세력이 있을 수 있다. 그래서 목회자는 예수님의 이 말씀을 늘 염두에 두면서 목회해야 한다.

"사람의 원수가 자기 집안 식구리라"(마 10:36).

이 땅에 예수 그리스도의 교회가 출현하고 얼마 되지 않았을 때부터 교회 안에 이단의 세력이 나타나기 시작했다. 교회의 적은 교회 안에서 시작된 이단 세력이었다. 참 슬픈 일 아닌가!

지난 2천 년간 끊임없이 출몰하여 교회를 괴롭히고 어린 양떼를 현혹하는 저 사특한 세력들은 때로 예수 그리스도의 '하나님 되시는 신성'을 정면으로 부인하고, 또 때로는 예수 그리스도의 '온전한 사람으로 이 땅에 찾아오신 인성'을 부인하는 경향을 되풀이하고 있다(요일 2:22, 4:1~3;

요이 7).

더욱 가관인 것은 예수 그리스도의 신성과 인성을 부인하고 비난하면서 결국은 자신이 메시아(그리스도)요, 구원주라고 주장한다는 점이다.

또 한 가지 우리가 깊이 주목해야 할 것은 이단(교주)들은 자신을 추종하는 어리석은 인생들에게 '자부심과 확신을 갖고 따를 수 있도록' 세상에서 '부도덕한 행위를 일삼더라도' 그것이 죄가 되지 않으며 자신의 영혼과 구원(?)에 악영향을 끼치지 않는다고 세뇌한다.

교주는 이 같은 능력(?)과 호의를 베풀 수 있는 권세자라고 철석같이 믿도록 세뇌한다. 이 악한 세력을 드러내고 경계하는 것이 목회의 큰 부분이다.

구원받은 확신을 가르치라

목회 여정에서 매우 빈번하게 직면하게 되는 상황 중 한 가지는 성도들이 '구원받은 확신'에 대해 잘 몰라서 불안해 한다는 것이다. 그리스도인은 믿음의 결국인 구원에 대해 '올바른 지식과 분명한 확신'이 있어야 한다. 그래야 신앙생활이 즐겁고 삶의 활력과 소망이 넘칠 수 있다. 더 나아가 자신의 믿음과 구원에 대하여 분명한 확신을 갖고 있으면 교활한 이단들의 선동에 전혀 흔들리지 않는다.

사도 요한은 '예수 그리스도를 구주로 시인하고 고백'하는 사람은 죄 사하심을 받고 구원을 받는다고 증거한다. 이는 우리의 기분이나 감정에 따라 흔들리거나 변하는 것이 아니고 완전히 신실하신 하나님의 약속이라고 강조한다.

"⁷그가 빛 가운데 계신 것 같이 우리도 빛 가운데 행하면 우리가 서로 사귐이 있고 그 아들 예수의 피가 우리를 모든 죄에서 깨끗하게 하실 것이요 ⁸만일 우리가 죄가 없다고 말하면 스스로 속이고 또 진리가 우리 속에 있지 아니할 것이요 ⁹만일 우리가 우리 죄를 자백하면 그는 미쁘시고 의로우사 우리 죄를 사하시며 우리를 모든 불의에서 깨끗하게 하실 것이요"(요일 1:7~9).

예수 그리스도께서는 사람의 몸으로 이 땅에 오셨고 인간의 삶을 온몸으로 살아내셨다(요 1:14; 히 4:15). 그리고 마침내 인류의 죄와 형벌을 한 몸에 짊어지시고 골고다 언덕 십자가에서 살 찢고 피 흘려 처형당하셨다(요 1:29; 롬 5:8).

예수 그리스도를 '나의 주시오 나의 하나님이십니다'라고 영접하고 입으로 시인하고 고백하라(요 20:28; 롬 10:9~10). 그리하면 죄사함 곧 구원을 받는다(벧전 1:8~9; 행 2:21~24, 36~41). 이 사실을 확신할 때 신자는 주님과 사귀면서 하늘의 기쁨을 누린다(요일 1:3~4, 5:1~5).

사랑에 부요한 그리스도인으로 키우라

이 세상은 이기적인 사랑으로 가득하다. 어쩔 수 없는 것이 조상 아담이 그렇게 시범을 보여주었기 때문이다(창 3:6, 11, 12; 롬 5:12). 조상 아담의 처신에서 보는 바와 같이 이기적인 사랑은 하나님께서 의도하시는 사랑이 아니다. 하나님께서 의도하시고 제정하시고 몸소 보여주시는 사랑은 순수하고 깨끗하고 이타적이다.

"둘째도 그와 같으니 네 이웃을 네 자신 같이 사랑하라 하셨으니"(마 22:39).

"사랑은 이웃에게 악을 행하지 아니하나니 그러므로 사랑은 율법의 완성이니라"(롬 13:10).

"우리 각 사람이 이웃을 기쁘게 하되 선을 이루고 덕을 세우도록 할지니라"(롬 15:2).

아름다운 그리스도인, 성숙한 그리스도인은 어떤 사람인가? 사도 요한은 확신을 갖고 주장한다. '사랑에 부요한 사람'이라고. 이 사랑의 출처는 하나님의 사랑이다. 자기 독생자를 아끼지 아니하시고 대속의 제물로 내어놓으신 그 사랑이야말로 지고지순의 사랑이다(요일 3:16; 롬 5:6, 8, 10; 골 1:12~14; 요일 4:10, 19). 이 크신 하나님의 사랑이 깨달아지고 믿어지는 사람은 사랑에 부요해지기 마련이다(고후 5:14a). 사랑에 부요하다면 그 일차적인 증거는 '형제 사랑'에서 나타난다(요일 4:19~21).

주 안에서 전도자(목회자)를 격려하라

밝고 건강한 신자는 목회자를 신뢰하고 격려하며 협력한다. 목회자가 신실하게 목양할 때 그 가르침을 기뻐하고 순종하는 신자를 보면 목회자는 목양의 보람과 기쁨을 맛본다(요삼 3~4; 살전 2:13, 19~20; 히 13:17). 성도는 신실하게 주 안에서 힘쓰고 애쓰는 목회자를 훈훈한 마음으로 격려하라(요삼 5~8). 반대로 나쁜 마음으로 목회자의 목회를 훼방하는 자가 있으면 엄히 책망하라(요삼 9~12).

요한의 목회학 ④

하나님의 말씀 그리고 오직 예수 그리스도의
주되심을 힘써 증언하다

"요한은 하나님의 말씀과 예수 그리스도의 증거 곧 자기가 본 것을 다 증언하였느니라"(계 1:2).

목회 현장의 정점은 강단(강대상)이다. 목사는 강단에서 설교(강론)가 능숙해야 한다. 이것은 대학교수가 강단에서 풍부한 지식을 바탕으로 능수능란하게, 폭포수처럼 지식을 쏟아내라는 뜻이 아니다.

예수님이 말씀을 전하고 가르치실 때 일반 백성들조차 바리새인과 서기관들의 가르침과는 확연하게 차이가 나는 것을 느낄 수 있었다. 그래서 군중들은 이구동성으로 "예수께서 가르치실 때 거기에는 '권위'가 있으시다"라고 했다.

그렇다. 교회의 강단은 말과 지혜로 가득해서는 안 된다. 경건의 모양만 있고, 능력이 없어서는 안 된다. 그럼 어떻게 해야 우리의 강단에 능력이 흘러넘치겠는가? 사도 요한은 확신하고 있다. 사람의 말이 아니고 '하나님의 말씀'이 선포되어야 한다.

성령의 감동으로 기록된 성경 66권이 하나님의 말씀이다. 성경을 가르치고 전하라. 성령님을 의지하면서 말씀을 증거할 때 믿음을 불러일으키고 구원의 역사가 일어난다.

성령님은 말씀을 가지고 일하신다(엡 6:17; 계 2:7, 11, 17, 29, 3:6, 13, 33). 이 말씀을 증언할 때(행 13:42) 궁극적인 변화가, 진정한 기적이 일어난다(히 4:12~13; 행 20:32, 11:14, 13:48). 그리고 예수 그리스도께서 완전하시고 유일한 주 되심을 힘써 증언하자(계 1:2~8, 13~19, 4:8~11). 이때 성령님이 역사하사 말씀에 능력이 나타난다(요 14:16, 26, 15:26, 16:13; 눅 4:1~15; 계 1:10).

목회는 호강하는 삶이 아니고 '환난과 참음'에 동참하는 것

"나 요한은 너희 형제요 예수의 환난과 나라와 참음에 동참하는 자라 하나님의 말씀과 예수를 증언하였음으로 말미암아 밧모라 하는 섬에 있었더니"(계 1:9).

21세기에 한국교회에서 목회하고 있는 목사는 반성하고 자숙하고 더 나아가서 회개할 것이 많다.

"⁷무법한 자들의 음란한 행실로 말미암아 고통당하는 의로운 롯을 건지셨으니 ⁸이는 이 의인이 그들 중에 거하여 날마다 저 불법한 행실을 보고 들음으로 그 의로운 심령이 상함이라"(벧후 2:7~8).

일제 36년 강압통치와 처참한 한국전쟁을 겪고 난 후, 70여 년의 세월이 지났다. 전쟁의 참화를 이겨내면서 마침내 세계 10대 선진국 안에 들어서는 쾌거를 목도하고 있다. 하나님의 돌보심이요. 우리 부모님 세대의 각고의 희생 덕분이다. 그러나 '잘살게 되고 편안해지는 것'이 마냥 축복이라고만 할 수 있는가?

위의 베드로후서 2장 7~8절은 무엇이라고 경고하는가? 검소하고 단순하게 살 수밖에 없는 땅 헤브론 산지를 버리고 기름지고 화려한 땅 소돔, 고모라를 선택했던 믿음의 사람 롯의 영적 추락을 가슴 아프게 고발하고 있다. 육도 잘되고 영도 잘되면 좋겠으나 생래적으로 둘은 갈등관계이다(롬 7:22~24).

사도 요한은 성령의 감동으로 소아시아 일곱 교회를 탐사하면서 분명한 공식을 내놓는다. 서머나교회, 빌라델비아교회는 소박하고 겸손했다. 다가오는 고난을 믿음과 소망으로 참아 냈다. 그래서 주님께 사랑과 칭찬을 받을 뿐 아니라 후세 교회에 귀감이 됐다. 반면 라오디게아교회는 세상의 유행과 풍속을 경계심 없이 너무 쉽게 받아들였다(계 3:17). 그러다 보니 영적으로는 빈약하기 그지없었고, 도덕적으로도 부끄러움을 알지 못하는 자리로 떨어졌다(계 3:18).

소돔 성에 살던 롯을 통해 알 수 있듯이(벧후 2:8), 사람은 자신이 서 있는 곳(환경)의 현상이나 상황으로부터 크게 영향을 받는다. 맹모삼천지교(孟母三遷之敎)라는 말은 일리가 있다.

사도 바울은 "이 세대를 본받지 말라"(롬 12:1~2)고 권면한다. 사람은 별수 없다. 무엇을 얼마나 자주 간절한 마음으로 보느냐에 따라 방향과 행동이 결정된다.

에덴동산의 선악과 열매, 노아시대 사람의 딸의 아름다움, 야곱의 딸 디나와 세겜성 여인들의 화려한 장식품, 삼손과 블레셋 여인들의 현란한 유혹처럼 21세기 우리 사회 역시 온통 '물질적 부요와 안락한 삶에로의 유혹'이 대세를 이루고 있다.

교회와 목회자 역시 자기 절제와 냉철하게 근신하지 아니하면 '복음을 위해 환난과 참음에 동참'하기보다 에덴동산의 아담처럼, 딤나, 가사, 소렉 골짜기를 배회하던 삼손처럼 욕망 사이에서 끝없이 배회할 것이다.

그리스도인의 궁극적 승리, 그리고 새 하늘과 새 땅을 설교하라

"그들로 우리 하나님 앞에서 나라와 제사장들을 삼으셨으니 그들이 땅에서 왕 노릇 하 리로다 하더라"(계 5:10).

"일곱째 천사가 나팔을 불매 하늘에 큰 음성들이 나서 이르되 세상 나라가 우리 주와 그의 그리스도의 나라가되어 그가 세세토록 왕 노릇 하시리로다 하니"(계 11:15).

요한은 지금 예수 그리스도의 나라와 그 의(복음, 믿음, 구원, 하나님의 통치)를 전하다가 로마제국에 의해 체포되어 '환난과 참음'에 동참하고 있다. 도미티아누스 황제는 요한을 에게해 밧모섬에 유배 보냈다(계 1:9).

요한은 자신이 겪은 유배의 이유를 '하나님의 말씀과 예수를 증거하였음으로 말미암아'라고 밝히고 있다(계 1:9). 그러나 요한은 그 유배를 견딜 수 있는 신비한 능력과 소망을 경험하고 있다.

요한은 밧모섬에서 어느 주일 성령에 감동되면서 나팔 소리 같은 큰 음성을 듣는다. 즉 주 예수님의 임재를 경험하면서 그리스도의 교회가 이 역사 속에서 궁극적으로 승리할 것이라는 확약을 받는다(계 5:10, 11:15).

특히 요한계시록 11장 15절은 언제 읽어도 오늘의 아픔과 슬픔을 참아내게 해 주는 '그리스도인의 궁극적 승리'를 담보해주는 소망의 말씀이다. 그리고 우리를 끝없이 위협해오던 사망과 음부와 마귀는 영원히 결박되고 새 하늘과 새 땅이 도래하게 된다. 목회자는 강단에서 이 소망까지 설교해야 한다(계 22:14).

※ 이 글은 2013년 10월 19일 대만개혁종교회가 주최한 '한국고신총회 대만교회설립 50주년 감사예배'때 초청을 받은 고신총회 방문단(단장 부총회장 김철봉 목사) 김철봉 목사의 축사 전문이다.

저는 한국의 장로교 고신총회 부총회장 김철봉(金哲奉) 목사입니다. 목회하는 곳은 부산 사직동교회입니다. 귀 총회에서 저희를 초청해 주셔서 대단히 감사합니다.

우리나라 대한민국이 일본제국의 침략을 당해 고통당하고 있을 때 우리나라의 독립을 위하여 상해에 임시정부를 수립할 수 있게 해 주는 등 여러모로 크게 도와주신 사실을 잊지 않고 있습니다.

장개석 총통께서는 세계 2차대전에서 일본이 패망할 것을 예견하여 미국, 영국과 더불어 대한민국의 독립을 위하여 결정적인 역할을 해 주셨습니다. 특히 1950년 6월 25일 북한의 공산주의자들이 한국전쟁을 일으킴으로 우리나라가 심각한 위기를 만났을 때 물심양면으로 크게 도와주신데 대하여 다시 한번 감사를 드립니다.

그러나 1988년경부터 우리나라 정부가 국제간의 문제를 이유로 내세워 오랜 우방국인 귀국(중화민국)과의 외교관계를 일방적으로 '단절'하는 과오를 범했습니다. 끝까지 '친구'로 남아 줄 유일한 우방이라고 믿었던 한국이 등을 돌렸을 때 충격과 상심이 얼마나 컸겠습니까? 우리나라 정부는 큰 결례를 범하였습니다. 정말 미안하고 죄송합니다.

앞으로 우리 한국교회 특히 고신총회가 '그리스도 안에서 복음으로'

대만교회와 깊이 교제하면서 사랑으로 빚을 갚아나가겠습니다. 지구촌 전체가 우리들의 형제자매입니다만 대만의 형제자매들은 예수 그리스도 안에서 우리의 친구요 가족입니다.

우리 고신은 총회 형성 10년을 기념하여 1958년에 김영진 선교사님 가족을 대만으로 파송하였습니다. 김 선교사님은 수도 타이페이에는 서구 선교사 600여 명이 계시는 것을 보고 선교사가 없는 신죽과 죽동지역에 정착하여 선교하셨습니다. 위대한 헌신으로 1963년에 첫 교회가 설립되었고 오늘 '대만 개혁종장로회교회 설립50주년 기념대회'가 열리고 있습니다. 사람의 나이 50에는 '지천명'(知天命)이라고 합니다. 그러므로 여러분의 교회는 이제 장성한 교회입니다. 더 이상 피선교지교회가 아니요. 우리와 형제 교회요 친구입니다.

앞으로 더 자주 만나면서 '하나님의 가족'으로서 우정과 교제를 나누고 싶습니다. 예수님께서 명하신 땅끝까지의 복음전파와 교회 부흥을 위하여 '서로가 경험하고 있는 좋은 것'들을 함께 나누어 가지기를 원합니다.

우리 고신총회는 김영진 선교사님과 함께 유환준 선교사님, 이병길 선교사님께서 대만선교를 섬겨주셨고, 지금은 황병순 선교사님께서 계속하여 섬기고 있습니다. 우리 고신총회 대표단을 초청해 주셔서 감사합니다. 여러분의 총회와 전국교회 위에 성삼위 하나님의 각별하신 은총을 간절히 기도드립니다. 사랑합니다. 축복합니다.

김철봉(金哲奉) 목사 | 사직동교회, 고신부총회장

목회는
신학의
종합예술이다

2023년 9월 15일 초판 1쇄 발행

지은이	김철봉
발행인	최정기
디자인	문지연
인쇄	유성드림
펴낸곳	고신언론사
주소	서울시 서초구 고무래로 10-5(반포동) 고신총회 고신언론사
전화	02-592-0981, 02-592-0985 (FAX)
ISBN	979-11-984522-1-4

정가 15,000원

저작권자의 허락없이 이 책의 일부 또는 전체를 무단 복제, 전재, 발췌하면
저작권법에 의해 처벌을 받습니다.